희망의 싹을 피어내는 공동체

희망의 싹을 피어내는 공동체

2015년 2월 10일 초판 발행
지은이 | 최　선
발행인 | 김수곤
발행처 | 도서출판 선교횃불(ccm2u)
　　　　　전화 : (02)2203-2739
　　　　　팩스 : (02)2203-2738
등록일 | 1999년 9월 21일 제 54 호
등록처 | 서울 송파구 백제고분로 27길 12(삼전동)
홈페이지 | www.ccm2u.com

소망의 주님께서 친히

때마다 일마다

평강주시기를 기도하며

이 소중한 책 『희망의 싹을 피어내는 공동체』를

특별히 ______________________ 님께 드립니다.

201 년 월 일

______________________ 드림

예수 그리스도는 어제나 오늘이나 영원토록 동일하시니라(히 13:8).

Jesus Christ is the same yesterday and today and forever(Heb 13:8).

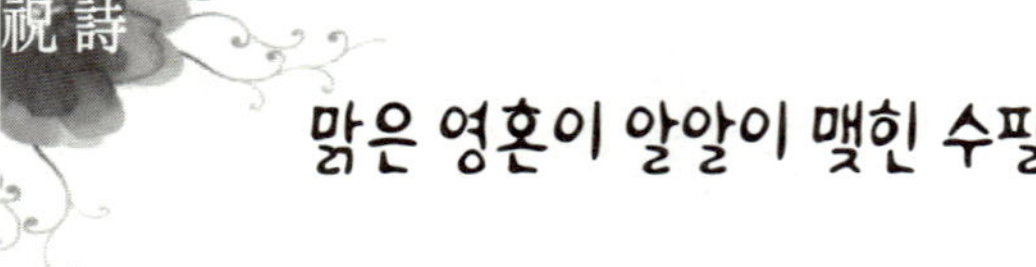

맑은 영혼이 알알이 맺힌 수필

남병근 (시인)

별마저 잠든 밤
새벽이슬 맞으며 피어나는 한 송이 꽃이 있습니다.

비 내리는 거리에서 눈보라 치는 광장에서
소리 없이 피어나는 꽃이 있습니다.

험하고 낮은 곳에서
온 대지 위에 향기를 피우는 그대 무궁화

중략(무궁화 시 중에서)

봄이 와도 물이 없어 말라가는 나무가 있습니다.
봄이 와도 새싹으로 솟지 못하는 풀이 있습니다.
봄을 반기며 울지 못하는 새도 있습니다.

이 세상에 따뜻한 사랑과 배려가 필요한 이유입니다.

늘 이슬처럼 맑으신 최 선 목사님
메말라가는 공동체를 위해 귀한 새싹을 피우셨습니다.

새 봄에는 그늘진 계곡 산새들도 재잘재잘 노래하며
온 누리 하나님의 영광을 찬양 할 것입니다.

따스함과 진실함

김장환 목사
(극동방송 이사장, 수원중앙침례교회 원로목사)

최 선 목사님은 지난해부터 극동방송국 중앙운영위원으로 참여하고 계십니다. 저와 교제한 시간은 짧지만 열심을 다해 극동방송 복음 선교에 동역해 주시고 계신 모습에 늘 감사한 마음을 갖고 있습니다. 특별히 하나님께서 최 선 목사님에게 아름다운 글을 쓸 수 있는 문학적인 재능을 주셔서 그동안 시와 수필 그리고 전문적인 많은 책을 내시고, 복음을 전하는 문서 선교를 감당하게 하심을 기쁘게 생각합니다.

수필가 최 선 목사님의 글을 읽어보니 단어를 사용하는 문장에서 나타나는 따스함과 진실함, 그리고 무엇보다도 예수 그리스도의 사랑이 가득 담겨있습니다. 그래서 많은 사람들에게 감

동을 주고, 인생을 살아가는 이들에게 올바른 시각을 갖게 해줍
니다.

2015년 새해를 맞아 이번에 새롭게 발간한 『희망의 싹을 피
어내는 공동체』란 책에서도 이러한 특징이 잘 나타나 있습니
다. 특히, 독자로 하여금 그동안 잊고 살았던 자신 주변의 소중
한 것들과 사람들에 대해 돌아보게 하고, 발견하게 해주어 이
세상을 예수 그리스도의 사랑으로 더욱 따뜻하게 만들어가도록
이끌어줍니다.

귀한 책을 발간하신 시인 최 선 목사님께 주님의 이름으로 축
하 인사를 드립니다. 아울러 살아가면서 두고두고 사람들에게
기억되며, 사랑받는 수필집이 되길 진심으로 바랍니다.

향기 나는 세상을 만드는 공동체

장경동 목사

(대전 중문교회 담임목사)

향기 나는 세상을 만드는 공동체가 되는 것은 매우 중요하다. 그래서 현상이 아닌 본질을 좇아 살아야한다. 이 시대는 외모를 최고로 여기는 세상이다. 그래서 방학이 되면 어른들은 물론 학생들조차도 성형외과에서 지금보다 나은 외모를 만들기 위해 애를 쓴다. 안타까운 일이지만 그것이 현실이다. 어찌하겠는가? 우리 그리스도인들이라도 예수님의 발자취를 따라 힘들고 외로운 길이지만 후회함이 없는 인생을 살아야 하지 않겠는가? 서로서로 칭찬하고 칭찬받는 세상을 만들어 보자.

『희망의 싹을 피어내는 공동체』 에세이집을 발간하는 최 선 목사님의 노고에 축복의 메시지를 보낸다. 무엇보다 활자로 이웃에게 복음을 전하는 것은 주님께서 원하시는 사역일 것이다. 그리스도인들은 어디서든지 빛이 나는 사람이 되어야한다. 현실에서 기쁘게 살아가는 것이 가장 현명한 삶이라고 생각한다.

필자는 최근에 심곡제일교회에서 열렸던 "바람 바람 성령바람 전도축제"에 다녀왔다. 많은 이웃들이 찾아왔었다. 은혜와 감사의 시간이었다. 바라건대 이 책을 읽는 독자들의 삶이 행복하고 윤택하게 되는 축복이 있기를 소망한다. 성령의 역사를 통해 나를 매일 매일 인정하고 누구든지 사람에게 하듯 하지 말고 주님께 하듯 한다면 반드시 독자들에게 행복이 찾아 올 것이다.

무지개는 당신의 마음속에, 감사는 최고의 항암제이자 방부제 그래서 남을 의식하지 말자. 서로 비교하지 말자. 그러면 가정과 교회 그리고 사업과 일터 속에서 인생의 동반자인 그들을 품고 서로를 위해 격려하고 단점을 눈 감으면 장점이 보이게 되어 있다.

끝으로 고통과 우울감이 연속되는 일상에서 피곤에 잠겨 살아가는 독자들이 이 한 권의 책을 읽는다면 주님이 주시는 희망과 긍정의 삶으로 인도해 주실 것이다.

사람을 행복하게 하는 책

김문훈 목사

(부산 포도원교회 담임목사)

남다른 꿈을 가시십시오. 꿈꾼 대로 믿음대로 심은 대로 됩니다. 꿈이 없는 사람이 가장 답답한 사람입니다. 하나님께서 복을 주시기 전에 먼저 우리 안에 꿈과 소원을 주십니다. 하나님이 주신 꿈, 소원을 가지고 기도하십시오. 이것이 하나님의 섭리입니다.

최 선 목사님의 목회의 꿈, 그것은 예수 그리스도의 복음을 전하는 것입니다. 그 목회 사역 위에 주님이 인도하시고 축복하여 주실 줄로 믿습니다. 그리고 문서 선교의 꿈과 비전이 성취되도록 보이지 않게 역사하시는 성령의 손길이 가까이에 있음을 직감합니다.

목회자와 성도의 삶 가운데 어려움과 질고와 환난에서 보호하고 치유하시는 여호와 라파의 큰 손이 우리를 어두운 곳에서 해방시켜 주시고 진정한 자유를 주십니다. 그러므로 삶이 힘들고 지칠 때마다 이끌어 주시는 고마운 예수님의 손을 놓치지 말고 믿음의 길을 당당히 걸어 갈 수 있기를 소망합니다.

희망찬 2015년 새해 최 선 목사님의 『희망의 싹을 피어내는 공동체』 발간을 계기로 심곡제일교회 아름다운 사랑의 공동체가 소원하는 꿈을 반드시 이루시길 기도합니다. 믿음과 섬김으로 가정과 교회, 그리고 지역사회에서 복음의 영향력이 더욱 확장되어 가기를 바랍니다.

하나님이 이 책을 읽는 모든 독자의 영혼을 만져 주시므로 하나님이 주시는 위로와 삶의 소망이 넘쳐 날 것입니다.
사람을 행복하게 하는 책 발간을 진심으로 축하하며….

성령의 기름 부으심

주성민 목사
(일산 세계로 금란교회 담임목사)

목회를 하면서 느끼고 깨달은 것을 글로 엮어 『희망의 싹을 피어내는 공동체』라는 칼럼을 출판하게 된 것을 축하한다. 최선 목사의 친구이자 복음을 전하는 동역자로서 기쁨을 함께 나누며 무엇보다 하나님께 영광을 돌린다.

최 선 목사는 고교 시절, 필자와 함께 같은 교회에서 신앙생활을 했다. 그가 주님께 부름을 받아 목회자가 되었고, 기독교 문학의 발전과 복음전파를 위해 문서 선교로 동역하는 이로써 이번 출판은 참으로 반가운 일이 아닐 수 없다. 또한 아름다운 사랑의 공동체를 이뤄나가는 일이기에 진심으로 축복한다.

그는 목회자이면서 시집과 수필집을 문학계에 일찍이 내 놓았으며, 한국 교회를 위하여 문서 선교를 꾸준히 하고 있다. 문학을 통해 복음이 뿌리를 잘 내리게 하고 주님이 원하시는 천국의 세계를 그려가는 아름다운 목회 사역 위에 하나님의 크신 역사가 있기를 바란다.

무엇보다 우리나라의 가족 공동체, 교회 공동체가 흐트러지는 요즈음, 최 선 목사가 발행하는 『희망의 싹을 피어내는 공동체』를 읽는 독자들은 물론 한국 교회 모든 성도들의 가정을 회복시키고, 교회와 사회를 건강하게 그리고 민족통일과 민족 복음화에 작은 밀알이 되어 큰 열매로 위대한 역할을 할 것으로 기대한다.

끝으로 한국 교회에 하나님의 말씀과 성령의 뜨거운 기름 부으심이 임하시기를 기도한다. 그리고 주님의 따뜻한 손길로 지역사회를 중심으로 영혼을 구원하려는 소중한 복음 전파사역에 하나님이 함께하실 줄로 믿는다. 최 선 목사의 사역이 대한민국은 물론 세계 열방에 복음을 전하는 아름다운 발걸음이기에 천군 천사가 동행하고 성령이 도와주심을 확신한다.

경찰 선교에 소망을 전하다

남병근 시인

(인천지방경찰청 경무관, 법학 박사)

시인이면서 수필가인 최 선 목사님께서는 부천원미경찰서 경목으로 경찰 선교를 통하여 복음을 전하고 있습니다. 정기적으로 경찰서 유치장 설교를 통하여 한순간의 실수로 힘들어하는 이들을 위로하고 잘못 살았던 삶을 돌이켜 새로운 인생으로 살아갈 수 있도록 용기를 북돋아 주는 소중한 사역을 감당하고 있습니다. 또한 부천시에 거주하는 시민들에게도 각종 사역을 통하여 하나님이 원하시는 소망의 메시지를 전하고 있으며 예수 그리스도의 사랑을 실천하고 있습니다.

이번에 출간하게 되는 『희망의 싹을 피어내는 공동체』를 통해 교회가 복음을 전하는 일에 일조할 수 있기를 기대합니다.

문서 선교 사역에서 많은 열매들이 맺히기를 소망합니다. 시를 쓰고 있는 필자도 글을 통해 경찰관들에게 희망을 전하고 있습니다. 그래서 할 수 있으면 경찰관들에게도 이 책이 읽혀져서 경찰 선교에 소망을 줄 수 있으면 좋겠습니다.

희망의 새해가 밝은지 어언 한 달이 지났습니다. 한 사람이 희망을 갖고 살아간다면 가족과 사회의 공동체가 훨씬 행복할 수 있을 것입니다. 또한 나라와 민족에게도 통일을 위한 밑거름이 될 수 있을 것이라 생각합니다. 그래서 금번 출판이 더욱 값지게 여겨집니다.

최 선 목사님은 심곡제일교회를 섬기며 세상 모든 이들에게 예수님의 사랑을 전하고 있기에 그 영향력이 매우 큽니다. 따라서 나라와 민족, 세계가 희망을 안고 살 수 있는 공통체가 될 수 있기를 원합니다. 그리고 복음을 전파하는 영향력이 더욱 커질 수 있기를 소망합니다.

로마서 15장 13절에 보면 "소망의 하나님이 모든 기쁨과 평강을 믿음 안에서 너희에게 충만케 하사 성령의 능력으로 소망이 넘치게 하시기를 원하노라."고 하였습니다. 최 선 목사님의 목회 사역이 이와 같은 축복이 가득할 수 있기를 기도합니다.

다시 한 번 출판을 축하드립니다.

사랑의 공동체

하나님은 인간을 창조하실 때 공동체를 생각하시고 창조하셨다. 그래서 하나가 아닌 복수로 창조하셨다. 아담 혼자 살도록 하지 않으시고 공동체로 살도록 결혼 제도를 만드시고, 가족을 이루도록 하셨다. 그런데 실제적으로 오늘날 많은 가족들의 모습이 하나님이 가족을 허락하신 목적과는 크게 벗어나 있다.

우리에게 가족의 존재는 너무도 중요하다. 하지만 우리는 평소 가족의 존재를 별로 의식하지 못하고 살고 있다. 우리에게 공기가 절대적으로 필요하지만 우리는 공기의 존재를 의식하지 못하고 사는 것처럼 가족의 소중함을 잊고 살 때가 많다.

가족들과 늘 함께 지내다 보면 서로에 대해서 귀한 줄을 모르고 어떨 때는 귀찮게 생각할 때도 있다. 그래서일까 요즘은 오히려 혼자 사는 사람들이 늘어나고 있다.

두 팔이 없고 한쪽 다리가 짧은 레나 마리아가 태어났을 때 레나가 태어난 병원에서는 아기를 보호 시설에 맡기라고 권유했다. 그러나 레나의 부모는 잠시 아기를 바라본 후 이렇게 말했다. "이 아이는 하나님이 주신 아이입니다. 이 아이에게는 가족이 필요합니다."

레나 부모의 말은 가족 공동체의 필요성을 너무나도 잘 표현하고 있다. 누구에게나 가족이 필요하다. 우리는 가족들을 통해서 절대적 지지를 받고, 정을 나누며, 정서적인 만족과 친밀감을 누릴 수 있어야 한다.

사람은 혼자 살 수 없다. 반드시 더불어 살아야 한다. 유교의 인간관계가 수직적이고 일방적이라면 성경에서 제시하는 인간관계는 서로의 책임과 역할을 요구하는 쌍방적인 관계, 서로 서로의 관계라고 할 수 있다. 가정이 온전하기 위해서는 어떤 한 사람만의 희생과 헌신만으로는 어렵고 서로 서로 노력해야 하는 것이다.

사도 바울은 골로새서에서 이러한 가족 간의 관계에 대해 함축해서 말씀하고 있다. 이 관계는 가족들이 그리스도 예수 안에 있는 경우를 전제로 한 것이다.

서로 서로 자신의 역할을 잘 감당하여 행복한 가정을 이룰 수 있는 것처럼 교회의 공통체도 마찬가지이다. 서로 사랑으로 허물을 감싸며 한마음으로 달려가는 사랑의 공동체가 되기를 바라는 마음 간절하다.

이 책은 지난 일년 동안 주보와 기타 매체를 통해 그리고 틈틈이 기록해 놓았던 내용들을 기다림이라는 소주제를 가지고 한권의 책으로 꾸며보았다.

주님 안에서 사랑하는 박신환 원로목사님과 김우환 장로님, 이윤하 장로님, 강오형 장로님, 그리고 심곡제일 아름다운 사랑의 공동체 모든 가족들에게 감사를 드린다.

복음을 전하는 일에 함께 동역하는 극동방송 김장환 목사님, 대전 중문교회 장경동 목사님, 부산 포도원교회 김문훈 목사님, 일산 세계로금란교회 주성민 목사님, 인천지방경찰청 남병근 경무관님과 끝으로 이 책의 편집을 도와주신 염성철 대표님과 출판을 허락해 주신 선교횃불 김수곤 대표님께 감사를 드린다. 모든 영광을 하나님께 돌린다.

목 차

희 망 의 싹 을 피 워 내 는 공 동 체

희 망 의 싹 을 피 워 내 는 공 동 체

희 망 의 싹 을 피 워 내 는 공 동 체

Part 4 기다리는 겨울 · 165

Part 5　다음을 기다리며 · 213

Part 1

기다리는 봄

하나님은 각 계절을 통해 우리에게
은총을 베풀어주신다.

"하나님께서 봄을 만드시고,
여름을 만드시고,
가을을 만드시고, 겨울을 만드셨다."

희망의 싹을
피어내는 공동체

따뜻한 온기로 동장군을 밀어내니 만물이 기지개를 편다. 봄이 우리에게 가까이 왔다는 증거로 흙이 있는 이곳저곳에서 녹색의 새싹들이 움트고 양지에 있는 목련꽃 봉오리들은 화장기 없는 하얀 얼굴을 슬며시 내밀고 있다. 이 무렵에는 누구나 희망을 말한다.

부천노회 서부시찰 목회자들의 모임이 우리 교회에서 있었다. 주님이 보시기에 어느 사람들보다 반가운 얼굴들일 것이다. 생명을 살리는 사역에 어려운 일들도 많지만, 그것을 불평하지 않고 기도하며 하나님 계획의 시간을 믿음으로 기다리고 꾸준히 목회에 임하는 존귀한 사역자들이다.

함께 오신 사모님들과 따뜻한 봉사의 수고로 목회자들을 맞이했던 우리 교회 성도들과 함께 하나님께 예배하고 친교의 시간을 가졌다.

말씀을 전한 시찰장 남문현 목사는 "우리 목회자들이 외부적인 환경에 연연하지 말고 오직 예수, 오직 십자가, 오직 하나님의 나라를 위해 나 자신이 하나님과의 바른 관계를 먼저 형성해야 할 것을 강조했다. 잠깐 있다가 없어지는 명예, 학력, 물질, 권력, 다양한 소유적인 것으로 인해 많은 목회자들이 현실 목회에서 거품을 향해 달려가는 안타까운 면"을 지적하였다.

행복한 목회를 하기 위해서는 자신을 철저히 십자가 아래 내려놓고 오직 하나님만 바라보고 겸손히 기도하며, 말씀을 준비하여 성도들에게 하늘에서 공급하시는 신령한 은혜를 전달해 주는 하나님 나라의 진정한 대사로서 최선을 다하는 사역자들이 될 것을 당부하였다.

서부시찰 모임에 참석한 목회자들과 사모님들이 섬기고 있는 목회의 현장을 소개해 주고 서로 기도 제목을 나누며 통성으로 기도하는 시간이 있었다. 서로 위로하며 격려하는 아름다운 모임을 통해 기쁨의 시간을 가졌다. 교회마다 다양한 현실이 주어지기 때문에 오로지 주님께서 도우셔서 이 고난을 잘 극복해 나아가기를 희망해 본다.

사람마다 생각하는 것이 다른 것은 당연한 것이다. 그러나 생각한 것을 여과 없이 그대로 노출하는 것은 다시 한 번 생각해 봐야 한다. 나는 바른 견해를 가지고 말을 한다 할지라도 상대방을 배려하며 의견을 개진하는 것 또한 성숙한 사람의 모습이리라. 봄꽃이 만발하는 계절이다. 목회자들이 시무하는 교회와 성도들에게도 향기 나는 꽃으로 말과 생각과 행동이 한 단계 성숙된 모습으로 거듭나길 기대해 본다.

희망의 싹을 피어내는 공동체로 지속하기 위해서는 하나님 앞에 철저히 회개하고 기도와 말씀을 통해 은혜를 지속하는 목회자들이 되기를 바란다. 아울러 우리의 목회현장에는 늘 가까이 계시는 보혜사 성령이 함께 하시니 염려하지 말고 열심히 복음을 전하고 영혼을 살리려는 열정이 있어야 하겠다. 영혼을 사랑하는 교회마다 아름다운 사랑의 결실이 주렁주렁 맺히기를 기도한다.

연초부터
연말까지

출애굽하기 전 이스라엘 자손들이 살던 고센 땅은 나일 강 하류 삼각주에 위치한 평야로 항상 물이 풍부하고, 토질이 비옥하여 목축과 농경을 위한 최상의 조건을 갖춘 곳이다. 이 고센 땅을 기준 점으로 하여 가나안 땅을 바라보면, 가나안은 결코 젖과 꿀이 흐르는 땅일 수가 없다.

가나안의 대부분이 산과 골짜기이다. 북쪽의 갈릴리 호수 지역과 서쪽의 지중해 연안을 제외하고는 농사를 지을 수 있는 땅이 없다. 동쪽은 고원지대이고, 남쪽은 황량한 광야이다. 더구나 가나안 땅은 하늘에서 내리는 비를 흡수하지 못한다. 좋은 땅은 비를 머금어야 하지만 가나안 땅은 흙이 얇고 속에는 자갈이 많아서 비가 내려도 고이지 않고 금방 빠져버린다.

가나안은 이스라엘 자손들이 머물던 애굽 땅보다 좋은 땅이 아니었다. 그러나 성경은 그 땅을 젖과 꿀이 흐르는 땅이라고 부르고 있다. 그 이유는 하나님께서 항상 은혜를 베풀어 주시기 때문이다. "네 하나님 여호와께서 돌보아 주시는 땅이라 연초부터 연말까지 네 하나님 여호와의 눈이 항상 그 위에 있느니라"(신 11:12).

애굽에서는 스스로 살아갈 수 있지만 가나안에서는 전적으로 하나님을 의존하여 살아야 한다. 애굽의 풍요가 인간의 수고에 대한 보상이라면, 가나안의 풍요는 하나님의 은혜요 선물이다.

하나님의 은혜는 어느 특별한 때나 가끔 있는 것이 아니라 연초부터 연말까지, 항상 우리에게 임하고 있는 것이다. 하나님께서는 연초부터 연말까지, 1년 365일 날마다, 순간순간마다 우리를 돌보아 주신다.

성경은 "범사에 우리 주 예수 그리스도의 이름으로 항상 아버지 하나님께 감사하며"(엡 5:20)라고 말씀하고 있다. 하나님의 은혜가 항상 임하고 있다면 우리는 범사에 항상 감사해야 마땅하다. 새해에도 감사하며 사는 성도가 되자.

새해에는 더
잘되는 복을 받자

어떤 사람이 오랜만에 전에 다녔던 단골 식당에 갔다. 그런데 식당이 완전히 달라졌다. 인테리어도 달라지고, 종업원들의 유니폼도 달라지고, 음식을 담아내오는 그릇도 달라졌다.

웬일인가 싶어 종업원에게 물었다. "아니, 이 식당 전부가 달라졌네요. 무슨 바람이 불었습니까?" 그러자 종업원이 별 일이 아니라는 듯 대답했다. "주인이 바뀌었어요!"

주인이 바뀌면 가게도, 기업도, 교회도, 우리 삶도 달라진다. 우리가 주님을 내 삶의 주인으로 모시면 가치관이 달라지고, 이 세상을 사는 방법과 삶의 수준이 달라지는 것이다. 성경에는 삶이 바뀐 사람들이 이야기로 가득하다.

하나님의 복을 받으면 요셉처럼 총리가 되기도 하고 에스더처럼 고아와 같은 여인이 왕비가 되기도 한다. 또 다니엘 같이 포로가 한 나라의 재상이 되기도 하며 라합 같은 창기가 메시야의 족보에 들어가게 되기도 한다.

그리고 비천한 여인 막달라 마리아가 하나님의 사랑을 받았으며, 천국에 간 거지 나사로는 이 세상의 어떤 부자와 비교할 수 없는 복을 누리게 되었다. 하나님의 복을 받으면 누구라도 변화될 수 있고 얼마든지 역전될 수 있다.

하나님은 이스라엘을 회복시키시되 "금을 가지고 놋을 대신하며 은을 가지고 철을 대신하며 놋으로 나무를 대신하며 철로 돌을 대신하며"라고 말씀하고 있다.

하나님의 은혜로 새해에는 계획하는 모든 일들이 더욱 잘되고, 신앙과 인격이 더욱 성숙해지고, 하나님께서 약속하신 복을 풍성히 누리기를 소원한다.

신앙의
봄을 맞이하자

봄이 되면 만물이 소생한다. 남쪽으로부터 불어오는 훈풍에 온갖 식물과 동물들과 곤충들이 깊은 겨울잠에서 깨어난다. 앙상하게 죽은 듯이 겨울을 지낸 나뭇가지에 물이 오르고, 새싹이 돋고, 꽃나무들은 꽃을 피운다.

이와 같이 우리들 믿음의 나무에도 새싹이 돋아나야 하고 소생해야 한다. 죽은 듯 겨울을 지낸 나뭇가지에 따뜻한 바람이 불어오자 저마다 앞을 다투어 새싹이 돋아나듯이 우리들의 믿음에도 성령의 생명의 바람이 불어서 소생하는 역사가 일어나야 한다.

에스겔 골짜기에 뼈들이 많았고 심히 말랐다고 기록하고 있다. 여기에서 말랐다는 것은 더 이상 물기가 없어 소생할 가능성이 없다는 것을 의미한다. 이러한 뼈들에게 하나님께서 생기를 불어 넣어서 다시금 회복하게 하셨는데, 생기란 하나님의 영을 뜻한다.

에스겔 선지자가 하나님의 말씀을 대언할 때에 생기의 바람이 불어서 골짜기의 마른 뼈들이 살아나는 기적이 일어났다.

우리의 심령은 어떠한가? 봄을 기다리는 우리들의 심령에 성령의 생기가 불어와야 하겠다. 이런 저런 이유로 열심을 내지 못하고 겨울잠에서 깨어나지 못하고 있다면 이제 우리는 깨어나야 한다.

겨울은 지나가고 있다. 봄에 기운을 차리지 못하면 다른 계절은 힘을 쓸 수 없다. 여름은 더워서, 가을은 외로워서, 겨울은 추워서…. 어찌 보면 봄에 비축한 힘으로 1년을 살아간다고 할 수 있다. 만물이 소생하는 새 봄을 맞이하여 하나님의 생기, 성령의 바람이 불어 심령도 새롭게 소생하고, 영육 간에 힘을 제공받아서 도약하고 약동하자.

희망,
아름다운 세상

일 년 가운데 가장 춥다는 대한(大寒), 하늘에서는 함박눈이 펑펑 내렸다. 대낮인데도 불구하고 밤처럼 어두워졌고 전국에서 많은 교통사고가 일어났다. 떨어진 기온 때문에 인도에 쌓인 눈이 얼어서 지나는 행인들은 종종걸음을 걸어야 했다. 제법 굵은 눈 속에 황사가 섞여 산성 눈이 내렸다. 오래 전에는 눈을 먹기도 하고 마음껏 던지고 놀았던 시절이 있었는데 이제는 환경오염으로 사람들의 즐거운 추억을 만들기가 어려워졌다.

필자가 『희망, 아름다운 세상』 수필집 원고를 정리할 2013년 11월 무렵, 전(前) 서울특별시 교육감 최열곤 선생님께서는 "그 책이 상재될 쯤에는 눈이 펑펑 내렸으면 좋겠다."라고 하셨다. 1월 19일 출판 감사 예배를 드리고 하루가 지난 오늘 새벽부터 온 세상에 눈이 내리더니 하루 종일 내렸다 그치기를 반복하고 있다. 최열곤 선생님께서는 필자에게 글을 쓸 때 시상이 떠오르도록 외부적 좋은 환경이 조성되기를 기대하셨다. 선생님께서 오늘 문자로 "그 기원이 하늘에 통한 건가요?"라며 짧은 글을 보내왔다.

일주일 전부터 감기 기운이 있다고 하셨던 선생님께선 주말에 더 심해져 결국 월요일에 병원에 입원하셨다. 선생님이 걱정이 되어 문병을 가서 정성으로 하나님께 기도를 드렸다. 선생님은 85세의 고령임에도 나라와 민족을 사랑하는 마음이 너무나도 강하셨다. 국가의 현재와 미래에 대한 교육, 그 청사진을 제시하며 앞으로 나아가야 할 국민들의 정신세계에 대해 언급을 하셨다.

오늘은 과거의 역사가 있기에 존재하는 것이다. 미래는 오늘이라는 시 공간속에서 어떻게 준비하느냐에 따라 미래를 견고하게 세워갈 수 있는 것이다. 비록 우리나라가 분단의 아픔을 극복하지 못한 것이 현실이지만, 외세에 흔들리지 않고 진정한 독립 국가로 나아가기 위하여 각 분야에서 반석 위에 올려놓는 노력을 기울여야 할 것이다.

무엇보다 기독교인들이 앞장서서 나라와 민족을 위해 기도하

며, 지역 교회에서 예수 그리스도의 십자가 희생의 사랑으로 주
민들의 잘 섬기고 그들이 장차 교회의 일꾼으로 성장하기 위하
여 끊임없이 섬김을 실천이 있어야 할 것이다. 위에서 언급했듯
이 최열곤 선생님도 "그리스도인이 양보하고 섬기고 희생하는
삶으로 사회적 역할을 충실히 했으면 좋겠다."라고 하셨다.

세상에 남녀노소를 불문하고 힘들고 어려운 이들이 많이 있
다. 소외받고 고통 받는 백성들이 있다. 그들 중에 아픔을 표현
하지도 못하고 내적으로 자학하며 결국에는 극단적인 행동으
로 나타나 사회적인 이슈를 만들기도 한다. 우리가 살아가는
현실에 안타까운 사건들이 터져 부정적인 일들이 나타나지만
그리스도인들은 그것마저도 예수님 십자가 사랑의 넓은 가슴
으로 품어야 한다. 이 땅은 분명히 구원자 예수 그리스도가 오
심으로 말미암아 '희망, 아름다운 세상'이라는 것을 온 세상에
전해 주는 우리 그리스도인이 되었으면 한다.

이 시간에도 삶을 포기하고픈 막다른 코너에 몰려 있는 사람들
이 있을 것이다. 그러나 긴 여정인 나의 삶을 주님 앞에 맡기고
다시 한 번 일어나 그분을 바라보고 '희망, 아름다운 세상'이라고
외치며 힘차게 살아가자. 절망 속에는 반드시 희망이 보인다. 작
은 교만이 나를 넘어지게 한다. 더욱 겸손한 마음으로 세상에 참
된 소망 되시는 예수님을 모시고 승리하는 삶을 살아보자.

"God's People Have Hope"

양심의 소리를 실천했던 하루

7명의 어린이집 아이들이 공포 속에 울고 있었다. 차량 앞에서는 흰 연기가 피어오르고 밑으로 기름 같은 것이 흐르고 있었다. 어찌할 바 모르고 있는 운전자와 보호자로 동승했던 선생님, 모두가 갑작스런 교통사고 충격으로 몸을 가누질 못하고 혼란스러워하고 있었다.

아내와 함께 세미나에 참석하려고 가던 월요일 오전, 앞에서 순식간에 일어난 교통사고를 목격했다. 필자의 차 앞에서 달리던 승용차가 갑자기 중앙선을 넘어 마주 오던 어린이집 통학차량과 정면 추돌한 사고였다. 그냥 지나치려고 했지만 새벽에 늘 기도하는 것이 '오늘 만나는 모든 사람들에게 복음을 전하고 주님의 향기를 발하는 하루가 되게 해 달라.'고 하지 않았는가?

  나의 양심이 지나감을 허락하지 않았다. 길가에 차를 세우고 곧바로 경찰서에 신고를 하였다. 운전자의 안전사항을 점검하고 혹시 차 안에 누가 있는지를 물으니 아이들 7명이 있다는 말에 뒷문을 열어 모두 안전함을 확인하고 혹시나 후유증에 시달릴까하여 119에 전화를 하여 9명 이상 태울 수 있는 차량을 가지고 속히 오라고 전해 주었다.

  이 사건 중에 이상한 것은 가해 차량 운전자는 차 밖을 나와 피해자에게 '얼마나 놀라셨습니까?' 라는 어떠한 위로의 말도 하지 않고 10미터쯤 멀리 떨어져 있으면서 15분 동안이나 사고 수습에 대한 아무런 조치도 하지 않고 있었다는 것이다. 얼굴에 목도리를 감고 있는 것으로 보아 음주운전으로 사고를 낸 것 같다는 생각이 들었다. 사람을 피하고 있는 것이 알코올 냄새가 날까봐 가까이 오지 않았나 생각되었다.

  원장이라는 피해 차량 여성 운전자는 사고 충격으로 에어백이 터지는 바람에 가슴에 많은 통증을 느끼고 있는 것 같았다. 아이들과 동승했던 여 선생님은 얼굴을 의자에 부딪친 충격으로 고통스러워하였다. 어떻게 이 사건을 수습할지 몰라 우왕좌왕하는 현장을 목격하고 이럴 때일수록 침착하게 경찰이 올 때까지 기다려 주는 것이 낫겠다고 생각되었다. 15분 정도 흘러 사고 담당 경찰관이 도착했다.

그때까지도 차량 안에서 내려오지 못하고 있는 피해 차량 운전자와 아이들을 경찰관에게 인계해 주고 나는 일정이 있어 사고 현장을 떠나 발길을 옮겼다. 아내와 대화하면서 오늘 이렇게 다급한 상황에서 세미나에 조금 늦더라도 주님의 이름으로 좋은 일을 했다고 말하며 우리가 이 일을 신고해 주고 수습하도록 조치해 준 사건에 큰 보람을 느꼈다.

하나님은 교회에만 계시는 것이 아니라 우리가 살고 있는 모든 현장에 함께 계신다. 세미나 도중에 모르는 전화가 계속 울렸다. 강의 중이라 전화를 못 받는다는 문자를 남겼더니 교통사고 사건을 담당했던 경찰관이었다. "사고 담당 경찰관입니다. 목사님 덕분에 사고 잘 마무리 했습니다. 고맙습니다. 운전자인 어린이집 원장도 고맙다고 했습니다."라는 문자를 남겼다.

세미나를 마치고 아내와 함께 식사를 하려는데 문자를 보냈던 경찰관이 전화를 걸어왔다. "목사님 안녕하세요? 교통사고 현장에서 뵙던 경찰입니다. 운전자와 선생님, 아이들은 병원에 가서 진료를 받고 부모와 함께 귀가를 했습니다. 교통사고 초기 수습을 최 선 목사님이 잘 해주서서 정말 고맙습니다."라는 인사를 하였다.

　요즈음에는 길가에서 무슨 사건이 나면 모르는체하고 지나가는 것이 흔해졌다. 왜냐하면 사건처리 중에 잘못 엮여 일상생활에 부작용이 우려되는 상황을 미리 예방하고자 하는 생각들이 저변에 깔려있기 때문이다. 필자도 순간 주저한 것은 사실이나 '코람데오'라는 문구가 생각났다. '하나님 앞에서 삶을 살아가는 네가 이렇게 지나갈 수 있느냐?'하는 양심에 소리를 저버릴 수는 없었다.

　아침마다 기도한 만큼 주님께서는 우리를 순간순간을 보호해 주시고 내가 만나는 모든 이들에게 복을 주신다. 필자가 오늘 교통사고를 목격하고 그들을 도와 준 것은 양심의 소리를 실천했던 의미가 있었던 하루로써 잊지 못할 것 같다.

졸업을
축하하며

사계절 자연의 섭리와 삶 속에 풍성하게 선물을 주시는 전능하신 하나님께 경배와 찬양을 드린다. 여러분들은 2월 달을 생각하면 무엇이 떠오르는가? 벌써 일부 학생들은 봄방학을 기대하고 있다. 필자는 유난히 추웠던 고향의 첩첩산속이 생각난다. 그래서 더욱 봄방학을 기다렸는지 모른다. 또한 2월에는 졸업식을 했던 것을 기억한다. 이제 모든 학교가 졸업시즌에 들어갔다. 우리의 삶은 들어가면 반드시 나와야 하는 절차를 밟는다.

이번에 졸업을 앞둔 학생에게 주님의 이름으로 축하한다. 3년 혹은 6년의 학교생활을 어떻게 보냈는지 그것이 중요한 것

이 아니라, 어제를 거울삼아 오늘과 내일을 설계하며 어떻게
나의 삶을 경영해 나갈 것인가 여기에 초점을 맞춰야 한다. 과
거에 집착하는 것은 정신 건강에 도움이 안 된다. 오히려 그럴
때일수록 지나온 생활들을 하나님께 철저히 회개하고 이제는
말씀과 성령이 이끄시는 생활이 되도록 더 주님께 가까이 가는
믿음의 삶을 살아가는 것이 좋을 것이다.

우리의 삶은 단거리가 아니다. 부단히 인내하고 하나님께서
나의 삶을 통치하도록 맡기며 도움을 구하는 믿음의 사람이 될
때에 신앙에서 성공할 수 있음을 기억해야 할 것이다. 무엇을
소유했느냐가 문제가 아니라 앞으로 어떻게 하나님 중심으로
삶을 살아 갈 것인가에 초점을 맞추고 지금보다 더 성실하게
미래를 개척해 나아가야 한다.

성경 말씀에 따라 충실하게 오늘의 삶을 살아간다면 어떠한
외부적 장애물이 온다 해도 믿음으로 극복해 나갈 수 있다. 왜
냐하면 성령 하나님이 나의 영과 육에 늘 함께 계셔 나의 갈 길
을 인도해 주시기 때문이다. 그러한 생활을 하기 위해 우리는
철저히 기도해야 한다. 부모님에 의해 나의 신앙이 진행되어
가는 것이 아닌 하나님께서 주시는 지혜와 말씀으로 깨달아진
내면적인 강인한 성품으로 한 걸음 한 걸음 내딛을 때 후회 없
는 하늘의 기쁨과 소망을 맛보며 언제나 감사하는 생활이 될

것이다.

장차 가정과 교회 그리고 사회와 국가의 일익을 담당하게 될 사랑하는 졸업생들에게 다시 한 번 이 기쁨을 함께 하고 싶다. 여기까지 여러분들을 위해 보살펴 주신 부모님께 감사하며, 여러분들을 위해 아침마다 기도로 하나님께 도움을 구하는 담임목사와 성도들은 끝까지 여러분을 지켜 볼 것이므로 주님이 주시는 비전을 찾아 반드시 후회함이 없는 하나님의 아들과 딸이 되기를 바란다.

사랑의 주님! 학생들을 지금까지 인도해 주시고 졸업을 할 수 있는 축복의 자리까지 함께해 주셔서 감사합니다. 그들에게 복 주시고, 그 육체와 그 삶 속에 성령님이 동행해 주셔서 힘들고 지쳐 모든 것을 내려놓고 싶을 때 그들을 위로해 주시며 실망치 않고 내일을 향한 꿈을 포기 하지 않도록 늘 하늘의 소망을 부어 주옵소서.

졸업 후 만나는 모든 이들마다 그리스도의 향기를 뿜어내게 하시며 그 만남이 복되어 형통한 삶이 될 수 있도록 지켜주옵소서. 사랑하는 자녀들에게 하늘과 땅의 모든 권세를 부어주셔서 언제나 담대하고 강인한 정신으로 세상을 정복해 가는 믿음의 일꾼들 되게 하옵소서. 예수를 날마다 구세주로 고백하게 하셔서 이들로 인해 가정과 학교와 교회가 잘 되게 하시며 모든 일에 주님이 주시는 사명을 무난히 감당해 내는 능력의 아들과 딸들이 되도록 날마다 성령의 충만함을 주옵소서. 거룩하신 예수님 이름으로 기도드립니다. 아멘.

구역장
헌신 예배

2월 16일 우리 교회는 구역장 헌신 예배로 하나님께 영광을 돌렸다. 영원히 죽어야 하는 나를 구원해 주시기 위해 십자가에 돌아가시고 부활하신 주님께 다시 한 번 감사드린다. 우리는 주님을 구세주로 받아들이는 믿음으로 영생을 얻었다. 그 감격 속에 살아가는 이들은 예배를 소중히 여긴다. 한 영혼을 주님께로 인도하기 위해 기도하며 또한 성도들을 따뜻한 가슴에 품듯이 예수님의 마음으로 세심하게 돌보는 아름다운 사역에 동참하는 구역장들에게 주님의 은총이 가득 하길 기원한다.

우리는 한 주간 전부터 구역장 헌신 예배를 위해 새벽마다 하나님께 정성으로 기도를 드렸다. 특별히 강사 목사님을 위해 어린이부터 노년에 이르기까지 온 성도가 은혜 받고 하나님의 충성된 종으로 거듭나기 위한 기도를 했다. 하늘의 신령한 만나를 공급하기 위해 오늘 기꺼이 우리 교회에 오신 안양대학교 기독교 문화학과 교수 이은선 목사님께 감사를 드린다.

예배의 대상은 오직 성삼위 하나님이다. 예배는 우리 삶의 주인이신 주님께 드리는 것이다. 말씀을 통해 성령은 역사하신다. 그러므로 예배는 절대 사람이 중심이 되어서는 안 된다. 오직 창조주 하나님 중심으로 온 교인이 하나 되어 영적으로 예수를 만나고 그 생명의 말씀으로 마음과 육신이 치료 받고 하나님의 강력한 성령의 임재를 통해 나의 모든 삶이 회복되기를 소망한다.

현대인들은 많은 질병을 안고 살아간다. 우리 교회 성도들도 예외는 아니다. 지금도 병원에서 힘든 생활을 하는 이들도 있다. 또한 의학적으로 치료받기 어려운 질병도 수없이 많다. 하지만, 우리는 그 질병 때문에 실망하지 않는다. 살아도 주님을 위해 죽어도 주님을 위해 살아가는 확고한 믿음이 있기에 오늘도 감사한 것뿐이다. 외부적인 환경으로 인하여 때로는 지치고 고달픈 일들이 일어나지만 하나님을 바라보는 소망의 성도들은 반드시 영·육이 고침을 받고 복된 삶이 전개 되리라 확신한다.

이번 헌신 예배를 통해 우리 교회 구역장들은 더욱 주님을 향한 열정이 솟아나기를 바란다. 불쌍한 영혼을 주님께로 인도하고픈 간절한 마음, 십자가 보혈의 공로로 언제나 죄 씻음 받고 정결한 심령이 되어 맑고 깨끗한 영혼으로 주님을 만나는 그러한 성도가 되기를 소망한다. 하나님께서 보내주신 이은선 목사님을 통해 선포되는 생명의 말씀을 듣고 주님 안에서 사랑하는 모든 성도들에게 회복과 치료가 풍성히 임할 것이다.

우리 교회는 사도행전 29장을 쓰고 있다. 하나님이 초대 교회에 임하셨던 것처럼 사도행전을 꿈꾸고 세우는 공동체가 되기 위해 이번 달에도 힘차게 달려가고 있다. 오직 예수, 오직 복음, 오직 교회, 오직 하나님 나라를 향해 전진하여 건강한 교회, 신령한 교회, 성장하는 교회로 한 걸음 한 걸음 내딛고 있음에 감사드린다. 그 중심에 구역장들이 있음을 잊지 말고 말씀과 성령이 이끄시는 거룩한 사역자들로 끝까지 사명을 감당하기를 바란다.

내게
줄로 재어 준 구역

다윗은 "내게 줄로 재어 준 구역은 아름다운 곳에 있음이여 나의 기업이 실로 아름답도다."라고 고백했다. 다윗의 구역이 실제로 정말 아름다운 곳인가 하는 것은 별개의 문제이다. 실제로 그렇든 아니든 상관없이 다윗은 그렇게 느끼고 감사하며 산다는 것이다. 왜냐하면 그곳은 하나님께서 친히 줄로 재어서 배정해 주신 곳이기 때문이었다.

우리에게도 다윗의 믿음이 필요하다. 지금 우리에게 주어진 모든 환경과 조건들을 어떻게 생각하고 있는지를 묻는다. 그것은 우리 마음대로 갖게 된 것이 아니라 하나님께서 줄로 재어 주신 구역으로 받아들여야 한다.

그러므로 우리는 더 이상 욕심 부릴 필요가 없다. 항상 자족해야 한다. 하나님께서 내게 주신 재능, 내게 주신 사명, 내게 주신 가족, 내게 주신 교회, 그리고 내게 주신 모든 것이 아름다운 줄 알아야 한다.

사람들이 왜 흔들리는가? 다른 사람의 것을 바라보기 때문이다. B대학에 가려고 하는데 다른 친구가 A대학으로 가는 것을 보면 흔들린다. 세상 사람들은 하나님을 섬기지 않고도 복을 받는 것 같고, 잘되는 것 같이 보인다. 그러면 세상 사람들의 방식에 유혹을 느끼며 흔들리는 것이다.

그러나 하나님께서 내게 주신 것이 가장 아름다운 것이다. 하나님께서 각 사람에게 적절하게 주신 줄로 믿고 다른 사람들과 비교하며 부러워하지 말아야 한다. 그 사람은 그 사람의 삶을 사는 것이고, 나는 나의 삶을 사는 것이다.

다른 사람을 쳐다보며 사는 것처럼 어리석은 사람도 없다. 나를 사랑하고, 내 것을 사랑할 줄 알아야 한다. 하나님께서 주신 것으로 만족하며 흔들리지 않고 살아가야 한다.

주님과
함께 했던 이월

우리 교회에서는 교구장과 구역장 그리고 구역원들이 영성훈련에 다녀왔다. 하나님께서는 구역장으로 부르시고 영혼을 돌보는 직분을 주셨다. 참으로 감사한 마음으로 귀한 사역을 감당해야 할 것이다. 참가한 9명은 무엇보다 하루 종일 훈련을 받아 육체적으로는 피곤하였지만 영적으로 재충전하는 기회가 되었음에 하나님께 감사드렸다.

금년에도 모든 구역들이 하나님 앞에 예배를 잘 드리고 있다. 한 영혼을 잘 보살피는 것은 또 다른 영혼을 주님께로 인도하는 것이다. 구역예배는 구역원들이 수동적이기 보다 능동적으로 모임에 가고 싶고, 함께 하고픈 마음이 있어야 한다. 그래야 구역원과 교제를 통해 주님께 더 가까이 갈 수 있는 영적인 예배가 될 수 있다. 이를 위해 구역장은 더욱 주님께 기도하고 말씀과 성령이 이끄시는 구역이 되기를 기도해야 한다.

10월 5일은 우리 교회가 2배 부흥 전도 축제를 준비하며 한 사람이 한 영혼을 주님께로 인도하는 목표를 두고 있다. 사도행전 28장을 이어 쓰고자 하는 마음으로 한 걸음 한 걸음을 내딛고 있다. 이를 위해 구역이 더욱 활성화되고 교회를 부흥시키는 밀알이 되기를 기원한다. 앞장 서는 교구장과 구역장들이 구역원을 주님을 대하듯 정성껏 섬기고 봉사하는 아름다운 구역 모임이 되기를 소망한다.

이제 2월의 마지막 주일을 맞이했다. 이달을 기도의 달로 정하고 성도들이 기도하고 있다. 주님을 향한 뜨거운 열정이 식지 않도록 끊임없이 영적인 만남을 지속하는 성도들이 되기를 바란다. 성령에 이끌려 스스로 성경을 읽고 기도하며 한 단계 성숙되어 가는 그리스도인들이 될 때에 우리 주님은 얼마나 좋아 하실까 생각해 본다. 그렇다. 이제는 뒤를 돌아보지 말고 오늘 주님이 하신, 그리고 내일 주님께서 하실 복음의 역사를 바라보며 감사했으면 좋겠다.

3월에는 사순절의 절기이며, 4월은 종려주일과 부활절이 기다리고 있다. 우리의 신앙생활은 고난만 있는 것이 아니다. 십자가의 아픔과 더불어 죄와 죽음을 이기고 승리하신 부활의 예수님을 바라보며 독수리 같이 창공을 향해 솟아오르는 확장되는 신앙의 삶이 되었으면 좋겠다. 주님이 가신 길이었기에 우리는 반드시 그 길에서 승리할 줄로 믿는다. 부활절에는 한 영혼을 주님께로 인도하여 칭찬 받는 성도들이 되기를 기대한다.

지금도 병상에서 아픔을 겪고 있는 성도들과 가정과 직장 그리고 사업장에서 원치 않는 고통을 안고 힘들어하는 성도들이 있다. 조금만 더 말씀과 성령 안에서 용기를 내고 기도하여 이 어려움을 지혜롭게 견뎌 내자. 하나님이 고난의 순간에도 지켜 주시고 역사하셨음을 간증하는 그 시간이 반드시 도래할 것이다. 주님 안에서 사랑하는 성도들이여, 계절적인 추위와 더불어 힘겨웠던 2월을 지켜 주신 주님께 감사하고, 다가오는 봄날 꽃의 향기를 소망하며 하나님의 축복 속에 아름답게 꽃피울 봄을 맞이하자.

가장
좋은 것

어두운 밤길을 갈 때, 처음 가는 길을 갈 때 누군가 동행하고 있으면 서로 의지함으로 두려움이 덜 하다. 하나님은 우리 인생의 동행자이시며, 우리 삶의 버팀목이 되신다.

18세기, 파멸의 위기에 처한 영국을 복음으로 건져 낸 요한 웨슬리는 88세에 임종하면서 "세상 모든 것 중 가장 좋은 것은 하나님께서 함께 하시는 것이다."(The best of all is, God is with us)라고 말했다.

지혜로운 사람들은 웨슬리처럼 하나님께서 함께 하시는 것이 가장 좋은 것임을 깨닫는 사람이다. 그런 사람은 하나님을 인생의 버팀목으로 삼을 수 있기 때문에 복 있는 사람이다.

미국 PGA 역사상 6승 이상자가 20여명인데 그 중 한 사람이 우리나라 프로 골퍼 최경주 선수이다. 그는 1993년부터 온누리교회를 다녔고, 1999년에 세례 교인이 되었다. 그의 간증을 요약하면 다음과 같다.

"나는 크리스천인 아내를 통해 하나님을 알게 되었습니다. 아내의 헌신적인 기도가 가랑비처럼 나를 적셔서 나도 크리스천이 되었습니다. 체험을 통해 확신을 얻었기 때문에 나는 하나님을 나의 가장 강력한 후원자로 여깁니다.

미국 PGA 투어에서 유일한 한국 선수였을 때, 내 이야기 상대가 되어 주신 분도 하나님이십니다. '제가 영어가 잘 안 돼 힘듭니다. 길을 찾기도 어렵습니다. 좋은 사람을 만나 도움을 받을 수 있도록 해 주십시오.'

시시콜콜한 것까지 기도하고 의논하면서 답을 얻었습니다. 골프는 내가 치지만 준비하는 과정 내내 하나님이 함께 하셨습니다. 이 믿음이 바로 내 인생의 버팀목입니다."

공부는 내가 하지만, 일은 내가 하지만, 사업은 내가 하지만 그 과정 내내 하나님이 함께 하심을 깨닫자.

두려워하지
말라

기우(杞憂)라는 말이 있다. 기인지우(杞人之憂)의 준말로 '기 나라 사람의 걱정'이라는 뜻인데 쓸데없는 걱정이나 안 해도 될 근심을 이르는 말이다.

옛날 중국의 기 나라에 걱정을 너무 많이 하는 사람이 살고 있었다. 이 사람은 하늘이 무너질까봐 두려워 잠을 이루지 못하다가 신경 쇠약에 걸려 죽고 말았다. 이때부터 '쓸데없는 걱정'이라는 뜻의 기우란 말이 생겨났다.

걱정은 하면 할수록 끝이 없다. 혹시 지진이 나면 어쩌나, 전쟁이 나면 어쩌나, 지구의 온난화로 홍수가 나면 어쩌나 …, 걱정은 여기서 멈추지 않는다.

가진 것을 잃을까봐, 가족, 행복, 돈, 명예, 권력, 건강 등을 잃을까봐 두려워한다. 또 고통이 올까봐, 가난의 고통, 질병의 고통, 환경의 고통, 환난의 고통 등이 올까봐 두려워한다. 또 죽음이 올까봐 두려워한다. 그리고 그런 것이 언제 올지 모른다는 것이 사람을 두렵게 한다.

무슨 일이든 두려움이 있으면 실수하게 되고, 두려움에 사로잡히면 아무리 노력해도 힘을 발휘하지 못한다. 마음에 평안함과 고요함이 있어야 지식과 지혜도 발휘되고, 올바른 생각과 판단도 생기고, 능력도 생기는 것이다.

우리가 삶을 살아가면서 쓰레기통에 처리해야할 것들이 휴지만 있는 게 아니다. 불확실성, 무지함, 무능함 때문에 느닷없이 밀려오는 두려움을 내버려야 한다.

예수님은 우리에게 두려워하지 말라고 당부하신다. 그리고 그 이유를 말씀하신다. 내버려야 한다.

우리의 몸과 영혼을 주관하시며 우리의 죽고 사는 문제에 관여하시는 하나님, 우리의 머리털까지 세시는 하나님, 우리를 귀하게 여기시는 하나님을 믿고 두려움 없이 담대하게 살아가기를 소망한다.

최선을
다하는 삶

　　사람들은 최선을 다하는 모습에 감동한다. 작은 일이라도 최선을 다할 때 감동한다. 사람들은 삶의 현장에서 자기가 맡은 일에 땀 흘리며 최선을 다하는 모습을 볼 때 격려의 박수를 보낸다.

　　그렇기 때문에 "내가 이와 같이 낮에는 더위와 밤에는 추위를 무릅쓰고 눈 붙일 겨를도 없이 지내었나이다."라는 야곱의 고백에 감동을 느끼게 되는 것이다. 덥다고 짜증내고, 춥다고 불평하지 않고 맡은 일이 무엇이든 최선을 다하는 삶은 참으로 아름답다.

　　1967년 이스라엘의 여성 총리가 된 골다 메이어는 연립 내각을 이끌면서 중동 평화를 위해서 무진 애를 썼다. 누구보다도 열심히 살았고 국민들이 잘 살 수 있도록 최선을 다해 노력했다.

골다 메이어는 1978년 80세로 세상을 떠났지만 아직까지도 이스라엘 국민들의 희망과 이상을 구현한 건국의 어머니로 추앙받고 있다.

사람들은 골다 메이어 총리가 죽은 후에야 그녀가 12년 동안이나 백혈병을 앓고 있었다는 사실을 알게 되었다. 백혈병을 앓으면서도 국민과 국가를 위해 최선을 다한 것이다.

때때로 골다 메이어는 자기의 약점에 대해서 이렇게 말했다고 한다. "저는 제 얼굴이 못생긴 것을 참으로 다행스럽게 생각합니다. 저는 일반적인 다른 사람과 비교해 보았을 때 너무나 못났기에 열심히 기도했고 정말 최선을 다해 공부했습니다. 나의 이러한 연약함은 나에게 뿐 아니라 이 나라에도 무한한 도움을 주었습니다. 우리의 약점과 실망은 곧 하나님의 부르심 입니다."

"하늘은 스스로 돕는 자를 돕는다."라는 말이 있듯이, 우리가 최선을 다해서 일할 때 하나님께서 우리와 함께하시며 우리를 형통의 길로 인도하시는 것이다. 우리는 최선을 다해서 달려가야 한다.

긍정적으로
말하자

하나님께서는 "내 귀에 들린 대로 행하리라."고 말씀하신다. 그렇다면 우리는 결코 함부로 말할 수 없다. 부정적인 말, 소극적인 말을 버리고 '할 수 있다, 하면 된다, 해보자.'라는 긍정의 말, 적극적인 말을 해야 한다.

성경은 말의 중요성에 대해서 가르치고 있다. "사람은 입에서 나오는 열매로 말미암아 배부르게 되나니 곧 그의 입술에서 나는 것으로 말미암아 만족하게 되느니라 죽고 사는 것이 혀의 힘에 달렸나니 혀를 쓰기 좋아하는 자는 혀의 열매를 먹으리라."(잠 18:20, 21)고 말씀하고 있다.

죽고 사는 것, 잘살고 못 사는 것이 우리 혀에 달렸다고 말씀하시니 성공하여 행복하게 살고 싶다면 '나는 성공할 수 있다, 잘 된다, 나는 행복하다.'라는 말을 항상 입에 달고 다녀야 한다. 그러면 하나님께서 말한 대로 이루어 주실 것이다.

우리는 말의 중요성을 알고 말조심을 해야 한다. 병원에 가서 건강 검진을 받고 암이라는 말 한마디에 그동안 멀쩡하게 살던 사람이 한 순간 중환자가 되어버리고, "지켜봅시다."라는 의사의 말 한마디에 사람들은 환자로 둔갑해서 불안에 떤다. 이렇게 말이 중요하다.

우리는 절대로 부정적인 말을 하지 말아야 한다. 환자를 만나서도 "얼굴이 좋아 졌어!", "곧 퇴원할 수 있을 것 같아!"라고 긍정적인 말을 해야 한다. "얼굴이 안 좋네!" "얼굴이 반쪽이 되었네!" 이런 말을 하려면 병문안을 가지 말아야 한다.

하나님은 긍정적인 두 사람 곧 여호수아와 갈렙을 통해서 가나안 정복의 역사를 이루셨다. 하나님은 지금도 긍정의 사람을 쓰신다. 긍정적인 인생 태도를 가지고 항상 긍정적인 말을 함으로 그 말을 이루는 삶을 살아가자.

부활과
변화

교회에서는 매년 춘분 후 맞이하는 주일을 부활 주일로 지키고 있다. 그래서 부활절은 항상 싱그러운 봄과 함께 다가온다. 만물이 소생하는 봄은 우리에게 부활의 느낌을 생생하게 맛볼 수 있게 해준다.

봄은 변화라는 말로 표현될 수 있을 것이다. 우리는 지금 겨울 내내 죽은 듯한 나무들이 파릇파릇 새롭게 옷을 입는 신비롭고 놀라운 변화를 지켜보고 있다.

그러나 간혹 그렇지 못한 나무들도 있다. 한 겨울에는 앙상한 가지로만 있었기 때문에 나무의 생사를 정확히 알 수 없다. 그러나 봄은 죽은 나무와 살아 있는 나무를 구분할 수 있게 해준다. 죽은 나무에는 봄이 없다.

수많은 사람들이 교회를 다니고 있지만 누가 진실한 신자인지는 알 수 없다. 그러나 부활의 때가 되면 누가 거듭난 신자인지 아닌지, 누가 양이고 염소인지, 누가 알곡이고 쭉정이인지 구분될 것이다.

봄이 우리에게 주는 메시지가 있다. 영적인 생명이 있는 사람은 아름다운 부활의 봄을 맞이할 수 있지만 영적인 생명이 없는 사람, 다시 말해서 거듭나지 못한 사람에게는 영혼의 봄, 부활이 없는 것이다.

봄이 많은 변화를 가져오듯이 예수님의 부활도 제자들에게 많은 변화를 가져다주었다. 복음서에 나오는 제자들과 사도행전에 나오는 제자들과의 모습은 하늘과 땅의 차이를 보이고 있다. 이 차이를 설명할 수 있는 사건 중의 하나는 부활이다.

부활하신 주님을 만나면 슬픔이 사라지고 공포가 물러가고 의심이 없어진다. 예수님은 지금도 살아계신다. 우리는 부활의 주님을 만나야 한다. 그러면 슬픔이 기쁨으로, 두려움이 평안으로, 의심이 확신으로 변화된다.

주님이 십자가에 못 박혀 달리실 때 사탄이 보기에 주님은 패배자였다. 그러나 주님께서 사흘 만에 죽음을 이기시고 부활하시자마자 상황은 역전되었다. 예수님은 죄와 사망을 짓누르시고 승리하셨다.

사탄은 지금 얼마 남지 않는 자기의 때를 최대한 활용해서 하나님을 대적하여 자기의 신분을 바꾸어 보려고 갖은 애를 쓰고 있다. 그러나 그것은 어림도 없는 일이다. 왜냐하면 예수님의 승리는 영원한 승리이기 때문이다.

세상은 예수님을 믿는 사람들을 미워한다. 대충 믿으면 미워할 일도 없겠지만 열심히 믿으면 세상으로부터 미움을 받고 핍박을 받게 되어 있다.

이러한 세상의 실체를 알고, 어떤 어려운 상황에서도 주님이 주시는 평안을 가지고 두려워하지 말아야 한다. 세상은 육신의 정욕, 안목의 정욕, 이생의 자랑으로 우리를 유혹하지만 우리는 예수님이 승리하셨기 때문에 승리할 수 있다.

구름기둥과 불기둥

이스라엘 백성들은 40년 동안 광야의 길을 걸었다. 광야는 사람이 살 곳이 아니다. 낮에는 사막과 같이 뜨겁고, 밤에는 겨울과 같이 춥다. 사나운 짐승들이 사람들을 노리고 있다. 먹을 것과 마실 물도 없는 곳이다.

한 두 명도 아니고 200만 명이나 되는 이스라엘 백성들이, 그것도 하루 이틀도 아니고 40년을 광야에서 지낸다는 것은 하나님의 기적이 아니고서는 도저히 불가능한 일이다.

하나님께서는 만나와 메추라기로 이스라엘 백성들을 먹이셨고, 반석에서 물을 내어 이스라엘 백성들로 마시게 하셨다.

또한 낮에는 구름기둥으로 뜨거운 햇빛을 막아 주셨고, 밤에는 불기둥으로 추위를 막아 주셨다. 구름기둥과 불기둥은 서로 다른 별개의 두 기둥이 아니라 한 기둥이 이중적인 현상으로 나타나는 것이다.

이스라엘 백성들은 온갖 위험 속에서도 구름기둥과 불기둥의 인도를 받으며 40년 광야의 길을 무사히 통과할 수 있었다. 하나님께서는 이스라엘 백성들의 광야 생활을 통해서 우리와 함께 하시며 우리를 지켜 주시는 분이심을 보여주셨다.

우리가 걷는 인생길도 광야의 길과 같다. 결코 평탄한 길이 아니다. 도적질하고 죽이고 멸망시키려 하는 원수 마귀가 항상 우리를 노리고 있기 때문에 언제 무슨 일이 일어날는지 알 수 없다.

우리의 인생길은 바울이 고백한대로 선한 싸움을 싸우며 가야 하는 길이다. 그렇기 때문에 하나님의 보호하심이 절대적으로 필요한 것이다. 하나님께서 우리와 함께 하시겠다고 하신 것은 모든 악한 세력으로부터 보호해 주시겠다는 것이다.

예수님도 부활 승천하시면서 "내가 세상 끝 날까지 너희와 항상 함께 있으리라."고 약속하셨기 때문이다.

예수님을
바라보자

교회마다 종탑을 세우고 십자가를 걸어놓는 이유는 십자가상의 주님을 바라보자는 것이다. 영어 성경(NIV)에서는 '예수님에게 우리의 눈을 고정시키자(Let us fix our eyes on Jesus).'라고 말씀하고 있다. 한눈을 팔지 말고 오직 예수님만을 주의 깊게 응시하자는 것이다.

우리는 예수님을 바라보지 못하고 세상을 바라볼 때가 많다. 믿음으로 모든 것을 맡기고 산다는 것이 어쩐지 불안하여 예수님께 눈을 고정시키지 못하고 자꾸 세상으로 눈이 돌아갈 때가 많다.

우리는 예수님만 바라보아야 한다. 그런데 우리는 종교 다원

주의와 혼합주의, 그리고 세속주의로 인해 '오직 예수'의 신앙이 위협을 받으며, 예수님을 주님으로 부르면서도, 살아도 주를 위하여 살고 죽어도 주를 위하여 죽는 사람을 무시하는 이상한 시대를 살고 있다.

사람들은 열심을 내는 신자들에게 '믿는 건 좋은데 너무 깊이 빠지지는 말라.'는 말을 한다. 예수님을 믿지 않는 세상 사람이라면 그렇게 말할 수 있다. 문제는 예수님을 믿는다고 하는 사람들조차 이런 말을 하는 것이다.

일에 깊이 빠지면 훌륭한 직장인이고, 공부에 깊이 빠지면 좋은 학생이고, 운동에 깊이 빠지면 뛰어난 운동선수인데, 예수님께 깊이 빠지면 그들은 이상하게 생각하는 것일까?

오직 예수님만이 주님이 아니기 때문이다. 세상도 주님이고, 성공도 주님이고, 돈도 주님이기 때문이다. 우리는 알게 모르게 이 세대 풍조를 본받게 된다. 그러므로 우리들에게 무엇보다도 가장 중요하고 가장 시급한 것은 오직 예수의 신앙을 회복하는 것이다.

예수님을 바라보며 믿음으로 나아갈 때 예수님은 우리의 삶을 온전하게 하신다. 부족함을 채워 주신다. 막힌 곳을 뚫어 주신다. 안 되는 일을 되게 해 주신다. 우리는 날마다 순간순간마다 예수님을 바라보는 삶을 살기를 바란다.

기다리는 여름

뜨거운 8월의 열기에
논의 벼들은 쑥쑥 커 올라
밭의 과일들은 영글어 간다.
채소들은 온갖 양분을 흠뻑 먹으면서
무럭무럭 자라간다.

영혼
관리

여름에는 며칠만 내버려 둬도 밭에 잡초가 무성해진다. 그래서 밭의 잡초를 보면 농부가 얼마나 부지런한 지 게으른지 알 수 있다.

잠언 24장 30-32절을 보면, "내가 게으른 자의 밭과 지혜 없는 자의 포도원을 지나며 본즉 가시덤불이 그 전부에 퍼졌으며 그 지면이 거친 풀로 덮였고 돌담이 무너져 있기로 내가 보고 생각이 깊었고 내가 보고 훈계를 받았노라."고 했다.

백성들이 땅을 어떻게 관리하고 있는지를 살피기 위해서 솔로몬 왕이 시찰을 나갔다가 거친 풀로 덮인 밭과 돌담이 무너진 포도원을 본 것 같다. 그러면 솔로몬은 무슨 교훈을 얻었을까? 게으르면 안 된다는 것이다.

세상만사는 모두 관리를 필요로 한다. 경영인은 기업 관리를 잘해야 하고, 부자들은 재산 관리를 잘해야 하고, 운동선수들은 몸 관리, 체력 관리를 잘해야 하고, 연예인들은 인기 관리를 잘해야 한다.

세상은 요동치고 있다. 그렇기 때문에 조금만 관리를 게을리 하고 방심하면 한 순간에 기업이 망하고, 재산을 날리며, 시합에서 패하고, 인기는 바닥에 떨어지어 뭇매를 맞게 되는 것이다.

여름철이라 관리할 일들이 많아졌다. 음식물 관리를 잘하지 못하면 다 버리게 된다. 햇볕이 뜨거울 때는 피부 관리, 건강 관리에 신경을 써야 하고, 요즘 같이 장마철일 때는 습기로 곰팡이가 생기지 않도록 관리를 잘해야 한다.

가장 중요한 관리는 우리의 영혼 관리이다. 다른 것들은 눈에 보이기 때문에 수시로 관리하지만 영혼은 눈에 보이지 않기 때문에 그대로 방치하기 쉽다. 그러면 우리 영혼의 상태는 거친 풀로 덮인 밭과 같이, 돌담이 무너진 포도원 같이 되고 마는 것이다.

우리 영혼의 거울인 하나님의 말씀으로 자신을 살펴보고, 하나님의 말씀을 실천함으로 약속된 복을 누리길 소원한다.

섬김의
발걸음

숨이 턱턱 막히는 한여름 이지만, 아침을 여는 공기는 그래도 상큼하다. 하지만 우리 주변에서 들려오는 아픈 소식들이 끊이질 않고 있다. 그리스도인들은 이럴 때 일수록 한 걸음 더 나아가 감사의 생활로 이웃들을 하늘에서 베푸시는 평안과 안식 생명의 길로 인도하려는 사명을 감당해야 할 것이다.

우리 교회는 지난해부터 지역학교 학생들에게 장학금을 전달하고 있다. 그들이 장차 예수 그리스도 안에서 믿음과 소망 사랑 가운데 잘 성장하여 사회에서 등불의 역할을 감당할 수 있도록 격려하고 있다. 그리고 어려운 환경 속에 있지만 절대

좌절하지 말고 힘을 내라고 하는 메시지를 통해 용기를 주고 있다. 이를 위해 이윤하 장로께서 장학금을 쾌척해 주셨다.

최근에 지역학교 교장 선생님과 교감, 담임선생님과 함께 우리 교회 누리작은도서관 이름으로 21명에게 장학금 전달식을 가졌다. 시작은 미흡하게 출발 하였지만 해가 거듭될수록 우리 교회가 예수 그리스도 안에서 지역사회를 품고 섬기고 나누는 사역을 실천하므로 학생들에게 꿈과 비전을 향해 나아갈 수 있는 동기를 부여한다는 면에서 소중한 것이라 생각한다. 장학금을 받았던 유○○ 학생이 감사의 마음을 담아 편지를 보내왔다. 이를 소개하고자 한다.

안녕하세요? 최 선 담임목사님! 저는 얼마 전에 장학금을 받은 2학년 유○○이라고 합니다. 저는 반장이기도 하지만, 품고 있는 꿈을 향해 큰마음을 갖고 노력하며 나아가는 한 학생이기도 합니다. 저의 꿈은 여러 재판에서 갈등상황을 법에 맞게 가장 올바른 길로 결과를 이끌어 내는 역할을 하는 판사입니다.

저는 그 꿈을 이루기 위해 공부도 열심히 하고 성실히 노력하며 모범을 보이고 있습니다. 가까운 목표로, 외국어고등학교에 진학하는 것을 이루기 위해 내신 성적과 영어, 수학실력 향상에 중점을 두고 노력하고 있습니다.

목사님께서는 작년 '진로의 날' 행사에 오셔서 진로 계획과
비전 설립에 대한 강의를 해주셨습니다. 이런 저의 상황에
서 그 강의는 저의 진로에 대해 고민하고 가치관을 성립하
는데 중요한 영향을 주었습니다. 그 후 제가 진로 계획을 세
우는 계기가 되었고 그 강의에 정말 감사하게 생각합니다.

　얼마 전에 목사님께서는 학생들에게 장학금을 주셨는데
저는 한 번 더 감사함을 느꼈습니다. 장학금 전달식을 마치
고 전체 학생들에게 말씀해 주셨던 것을 기억합니다. '자신
의 비전을 꿈꾸며 사회로 나아가 등불이 되라.'는 격려의
말씀을 하실 때, 다시 한 번 더 나의 꿈에 대한 생각을 되새
기면서 굳게 다질 수 있었습니다. 저는 그 장학금을 받으면
서 생각했습니다. 정말 어려운 시기를 보내고 있지만 나의
꿈을 향해 비전과 그 절실함을 갖고 노력하여 꼭 목표를 달
성해 사회의 등불이 되어 빛과 소금을 내고 싶습니다. 그리
고 최 선 목사님 같이 훌륭한 사람이 되기 위해 노력하는
사람이 되겠습니다. 베풀어 주신 은혜에 감사드리며, 이 편
지를 드립니다. 안녕히 계세요.

우리가 살고 있는 지역과 민족 복음화를 위해 우리 교회는 복
음을 전하고 있다. 그 과정에서 예수 그리스도의 이름으로 섬기

고 나누고 함께 하는 지역 공동체를 이루는 것 또한 우리가 해야 할 몫임을 잊지 말아야 할 것이다. 그리하여 복음의 사역에 함께 기도하며 협력하는 아름다운 공동체를 이루어 가기를 소망한다.

주님을
바라보라

　　기독교 순교 사화에 이런 이야기가 있다. 중세 시대에 한 소년과 어머니가 예수 그리스도를 믿는다는 이유로 화형을 당하게 되었다. 소년과 어머니는 5미터 간격으로 나무토막이 쌓인 기둥에 묶여졌다. 사형 집행관이 불을 지피기 전에 말했다. "마지막 기회다. 이제라도 예수를 안 믿겠다면 살려 주겠다."

　　그러나 모자(母子)는 똑같이 신앙을 지키겠노라고 대답했다. 화가 난 집행관은 저주를 하며 불을 지폈다. 잠시 후 연기가 자욱해지자 소년이 소리를 질렀다. "어머니, 연기 때문에 어머니 얼굴이 잘 안보여요."

그때 어머니는 "아들아, 내 얼굴을 보려 하지 말고 눈을 들어 오직 주님을 보아라. 그리고 그 주님과 동행하여라."고 말했다. 결국 모자는 주님과 동행하며 담대히 순교할 수 있었다.

어떤 어려운 상황에서도 우리는 오직 예수님만을 고백할 수 있어야 한다. 환난과 핍박의 연기가 자욱해질 때 눈을 들어 주님을 바라볼 수 있어야 한다.

예수님은 목숨을 내어 주시기까지 우리들을 사랑하셨다. 우리를 위해 피를 흘리셨다. 우리는 그 사랑을 깨닫고 경험해야 한다. 그럴 때 우리는 예수님을 사랑하게 된다. 사랑하면 늘 함께 하고 싶고, 어떤 어려운 길도 동행하게 되어 있다.

어떤 연인이 다정하게 손을 잡고 길을 가고 있다고 생각해 보자. 그런데 함께 손을 잡고 걸어가면서 서로 다른 여자나 남자에게 눈길을 보내고 있다면, 이들은 서로를 사랑하는 것도 아니고 동행하는 것도 아니다.

동행은 한 목적지를 향하여 한 마음으로 보조를 같이 하여 걷는 것이다. 하나님과 동행하는 일도 마찬가지이다. 우리의 생각이 하나님께 머물러 있어야 하고 우리의 시선이 하나님께 고정되어 있어야 한다.

주님께서는 하늘과 땅의 권세를 가지고 계신다. 주님께서 우리와 동행하시면 우리가 감당할 수 없어도 주님이 감당하게 하신다. 일상에서 예수님을 인정하고, 예수님과 동행하는 일뿐 아니라 예수님과 함께 일어나고, 예수님과 함께 식사를 하고, 예수님과 함께 걸으며, 예수님과 함께 일하고, 예수님과 함께 잠드는 생활이 우리에게 필요한 것이다. 그러므로 우리는 주님만을 바라보며 '오직 예수'의 삶을 살아가자.

이런 생활이 계속될 때 우리는 마지막 날에 심판의 부활이 아닌 생명의 부활에 참여하는 영광을 누리게 될 것이다.

예수
부활

내 고향 상촌(桑村)에 따뜻한 봄이 오면 마을 주민들이 밭에 나가 한 해의 농사가 시작되는 씨감자를 골라 심는다. 감자를 심을 때 비가 내리면 더욱 좋다. 땅이 촉촉해 감자의 성장을 돕기 때문이다. 그 비가 자주 오는 것이 아니어서 농부는 준비했던 감자를 씨눈에 따라 2~4조각으로 자르고 나무를 태우고 남은 재에다 섞고 난 뒤 땅에 심는다. 물론 농부는 한 해의 풍년을 기원하면서 말이다.

여러 식물이 있지만 특히 감자는 땅속에서 성장하고 열매를 맺는 '뿌리 작물'이다. 감자 스스로 씨앗이 되는 것이다. 몇 조각으로 쪼개진 자신의 몸으로 하얀 싹을 키워낸다. 씨감자를 심은 뒤 2~3개월 지나 캐어보면 온몸은 온데 간대 없이 바짝

쪼그라진 형태만 남아 있는 것을 볼 수 있다. 왜 그런가? 그것은 자신의 몸을 썩게 하고 새로운 생명을 만들어 내는 또 다른 부활이다.

어린 시절에 감자 심는 것을 많이 보았다. 이제와 생각해 보니 농사를 짓는 현장에서도 하나님께서는 사람들에게 자신의 몸을 기꺼이 희생하면 열매를 맺는다는 진리를 주셨다. 소중한 자신의 생명을 땅 속에 완전히 썩게 하면 많은 생명체들이 또다시 피어오른다는 자연에 대한 삶의 모습에 감탄을 하게 된다.

여름에 감자를 수확 하다 보면 간혹 가다 씨감자가 썩지 않고 그대로 남아 있는 것들을 보게 된다. 그런 것을 보면 어김없이 좋은 열매가 없었다. 왜냐하면 자신을 썩게 해야 더 많은 생명이 자란다는 자연의 법칙을 어겼기 때문이다. 비록 작은 원리이지만 우리는 부활절을 맞이하여 하나님이 주신 자연의 진실 앞에서 예수님이 나를 위하여 십자가에 죽으시고 삼일 만에 부활하심을 이해하게 된다.

당시 수많은 사람들과 제자들이 예수님의 죽으심을 의심했고 또 부활을 믿지 않았다. 그러나 진리는 살아 있어 완벽하게 십자가 위에서 인간의 죄를 위해 대신 죽으시고 죽음을 이기고 새 생명을 얻었다. 놀라운 십자가와 부활의 진실 앞에 연약한 우리들은 하나님께 감사를 드린다.

국민은
공황상태

　　예기치 못한 사건이 터져 공황발작이 지속적으로 나타나는 현상을 이상 심리학에서는 '공황장애'라고 한다. 엄습하는 강렬한 불안을 두고 일컫는 것이다. 예기불안, 부적응적인 행동변화, 건강 염려증, 유사한 장소, 상황을 회피하려는 증상 등이 나타난다.

　　DSM-IV(양극성장애 조울증) 텍스트에 보면, 심장이 평소보다 빠르게 뛰고, 진땀이 나며, 몸의 떨림이 있고, 숨이 가빠지는 느낌, 질식할 것 같고, 가슴의 통증이 있으며, 토할 것 같은 느낌, 어지러운 증상이 있고, 비현실감, 자기 통제를 상실하거나 미칠 것 같은 느낌과 죽음에 대한 두려움, 감각의 이상, 마비 그리고 몸이 달아오르거나 추위 등의 증상 중 4개 이상일 때 흔히 이것을 공황장애라 말한다.

제주도로 수학여행을 떠나는 학생들은 기쁘고 행복한 마음으로 집을 나섰다. 그러나 싸늘한 주검이 되어 부모 곁으로 돌아온 아이들, 아직도 생사조차 알 수 없는 실종자들이 있다. 여객선 세월호의 침몰 사건을 겪으면서 온 나라가 공황상태에 빠져 있는 것 같다. 대다수의 국민들이 무엇을 한다 해도 평상시처럼 손에 잡히지 않는다고 한다.

어른들이 아이들을 지켜주지 못한 미안함에 그렇다. 특정 누구에 대한 억울함을 갖고 분노가 폭발한다. 이와 같은 슬픔에 잠겨 무엇도 할 수 없는 것에 대한 부정적인 감정들이 국민들 속에 자리하고 있다. 또한 무력감 등이 뒤범벅이 되어 마음은 감정과 이성의 조화를 상실했다.

세월호 사고 초기 승무원은 승객들에게 "구명조끼 입고 움직이지 말라."고 했다. 수학여행 중에 있던 학생은 바닷물이 선내로 들어오는 와중에도 "엄마 내가 말 못할까봐 … 사랑해"라는 문자를 보냈다. 중대한 사건이 나고 실종자 부모님들은 "검푸른 바다만 넘실 … 어디 있니? 사랑하는 아들아!" 눈물을 흘리며 목이 터져라 아이의 이름을 외쳐 불렀다.

시신을 보고 돌아서서 혼자 울면서 "아들아, 지켜주지 못해

미안해"라며 하염없는 눈물을 흘렸다. 부모들은 이구동성으로 당국자들에게 "우리 아이 살려 내라." 바닷속 "배안에 아직도 우리 아이가 있어!"라고 울부짖는다. 야속한 "시간이 없다."라며 실종자 엄마 아빠는 몸이 늘어지며 힘없이 쓰려졌다.

특정 지역뿐만 아니라 누가 보아도 화가 잔뜩 나 있는 사회, 바쁘게 살아온 지난 세월, 안전 불감증이 여전히 존재하여 대충대충 해도 잘 될 것 같은 나라, 왜 우리는 이토록 큰 사건이 터질 때마다 온 나라가 가슴의 상처로 남을까?

언제부터인가 우리 사회는 어디에서든지 원칙을 강조하면 왜 그렇게 사람이 까칠해, 그 사람은 성실 하지만 사회성이 떨어지는 사람 취급하면서 한쪽으로 매도해 버리는 경향이 있다. 그러다보니 누구 하나가 원칙과 문제를 제기 한다면 이상하게 여겼다. 이처럼 적당하게 타협하며 회피하고, 문제에 침묵하여 원칙이 존중되는 사회적인 문화와는 서서히 멀어져만 가고 신뢰도는 떨어졌다.

우리나라는 개인과 공동체에서 참 인간에 대한 존중성이 결여돼 있다. 우리는 금번 세월호 사건을 겪으면서 기성세대들이 아이들을 향해 어떻게 해야 하는지를 제시해 주었다. 모든 기성세대들이 다시 한 번 무엇을 위해 어떻게 살아가야하는지 우리 아이들을 보면서 뼈저리게 돌아보게 된다.

이 나라가 겪고 있는 세월호 사건을 통해 누구보다 가슴 아픈 고통을 지켜보고 있는 하늘에 계신 하나님 아버지, 슬픔에 잠겨 있는 실종자 가족과 유가족들 그리고 온 나라 국민들을 긍휼히 여기사 예수 그리스도 십자가의 사랑으로 위로해 주시고 공황상태에 있는 이 사회가 생명을 소중히 여기도록 성령 하나님께서 인도하소서.

아픈
영혼에 희망을

　　다른 가정의 자녀들 보다 훨씬 잘 해주지 못했던 것이 유난히 후회가 된다는 한 아버지가 있다. 그는 ○○고등학교 2학년인 딸이 이 세상에서 가장 예쁘고 자랑스러웠다. 작은 공장에서 밤낮으로 근무하다가 손가락 몇 개가 절단되었지만 그 딸을 보며 살아갔다. 가정 형편을 잘 아는 딸은 아버지에게 학원에 보내 달라는 말을 할 수가 없었다. 그것은 아버지의 마음을 후벼 파는 것이기 때문이었다. 아버지가 불편한 손으로 자신을 뒷바라지 해주시는 모습에 가슴이 메어지게 아프지만, 사랑하는 아버지가 자신과 함께 있는 것만으로도 너무 감사했다. 그래서 이를 악물고 열심히 공부를 했다.

때로는 친구들이 자유롭게 노는 것이 부러웠지만, 딸은 현재의 상황을 원망하기보다 자신의 생각을 바꾸기로 다짐했다. 비록 지금은 어려운 가정 형편이지만 자신을 위해 또 아버지의 행복을 위해 더 나은 미래를 바라보았다. 열심히 공부를 해서 교육대학교에 입학하여 선생님이 되겠다는 꿈을 키워갔다. 자신이 교대를 졸업하여 학교에 근무하게 된다면 누구보다도 행복한 가정을 이룰 수 있다는 희망이 있었다. 힘들게 자신을 키워주시는 아버지가 활짝 웃는 그날, 현재의 아픔은 추억으로 남게 될 것이기 때문이다.

그렇게 넓고 예쁜 마음을 가지고 고등학교를 다니던 딸은 들뜬 마음으로 수학여행을 다녀오겠다며 활짝 웃으면서 집을 나섰다. 그러나 다음날 아침 억장이 무너지는 세월호 침몰 사고가 터졌다. 오전에 전원 구출이라는 소식에 가슴을 쓸어 내렸으나, 얼마 지나지 않아 300여 명 실종 이라는 천지가 무너지는 절망의 소식이 들려왔다.

세상에 믿을 수 없는 참담한 뉴스를 지켜보던 아버지는 진도 팽목항으로 발걸음을 옮겼다. 나의 희망이요, 어려운 형편 가운데서도 용기를 잃지 않고 활달하게 학교생활을 하였던 딸, 눈에 넣어도 아프지 않을 하나밖에 없는 딸, 이제는 차디찬 바다 속에서 얼마나 떨고 있느냐, 이 못난 아버지를 원망하지 않겠지, 너는 그렇게 아버지를 생각하며 자신을 채찍질 하고 살아왔었지. 딸아 아버지는 너를 떠나보낼 수 없구나! 딸이 어떻게 살아왔던 세월이었는데 작별의 인사도 없이 허무하게 바다 속 어두운 그곳에서 영원히 떠나게 될 줄을 전혀 몰랐다. 왠지 꿈에도 나타나는 너의 활짝 웃는 모습에 아버지는 더욱 가슴이 아프다.

이제는 아버지가 딸을 위해서라도 아픈 딸의 영혼을 떠내 보내고 희망을 품게 해야만 할 것 같다. 부디 이 엄청난 사건의 모든 것을 다 잊을 수는 없겠지만, 유가족들과 몸과 영혼에 상처 난 마음을 치료 받아 우리 주 예수 그리스도 안에서 십자가 보혈의 피의 은혜로 영원한 천국에서 아버지와 딸이 만나기를 바란다.

인생의 길은 누구도 알 수 없다는 것을 세월호 침몰사고를 통해 우리에게 알려주고 있다. 이제부터는 사람에게 의지하지 말고, 환경과 공동체에 기대지 말며, 인간을 창조해 주신 전능하신 하나님 아버지께 영원한 소망을 두자. 생사의 갈림길에서 구조된 학생들과 일반인들 모두가 그때의 아픔과 상처로 힘들게 하루하루를 지내고 있지만 작은 용기라도 갖기를 바란다.

실종자 수색을 하고 있는 당국은 속히 시신을 수습하여 아들, 딸을 기다리는 가족들 품에 안겨주기를 바란다. 열악한 환경에서도 고통을 감내하며 구조하는 잠수부 요원들과 관계 기관은 유가족, 자원 봉사자, 국민 모두가 흘리는 눈물이 헛되지 않도록 최선을 다해 수습에 임하자. 그리고 우리 모든 국민들은 찬 바다 속에서 애타게 구조를 바라며 세상을 떠난 고인들의 몫까지 살아 보기로 다짐해 보자.

실종자 가족 그리고 아들과 딸, 아버지와 어머니를 먼 세계로 떠나보낸 유가족, 지금은 아픔을 딛고 일어서기가 힘겹고 어렵겠지만 마르지 않는 눈물과 아픔을 이제는 생사화복을 주관하시는 예수 그리스도에게 맡기고 성령 하나님이 주시는 소망으로 이 슬픔과 어려움을 극복할 수 있기를 간절히 기도한다. 온 나라와 백성들을 긍휼히 보고 계시는 하나님 아버지, 슬픔에 잠겨 있는 실종자와 사망자 유가족들 온 국민의 아픈 마음을 위로해 주시고, 속히 이 고통에서 벗어날 수 있도록 성령 하나님께서 도와주시옵소서.

축복의
통로

　　가나안 농군학교 창설자 김용기 장로는 황무지를 개간하여 농사를 지었다. 하지만 매일 새벽 4시에 일어나 밤 11시까지 일하며 꽁보리밥과 고구마로 끼니를 이어가는 삶이 싫었던 아들과 갈등이 잦았다. 아들은 부모님과 힘겨운 싸움에서 지쳐 밤마다 울기도 했고 때로는 산에 올라가 악을 쓰며 반항을 하다가 결국 해결점을 찾지 못하고 가출을 했다. 아들은 어느 날 아버지로부터 한 통의 편지를 받았다.

　　"사랑하는 아들 범일아! 일본 사람들이 나의 의지를 막지 못했는데 아들인 네가 내 뜻을 꺾으려고 하느냐? 국가와 민족을 위하여 일하려 하는데, 네가 나를 도와주지는 못할망정 염려와 걱정을 하게 하느냐? 아버지가 교회에 가서 설교도 하고 남을 가르쳐야 하는데 내 자식이 그 길을 막으니 아버지는 권위도 없고 가르칠 자격도 없구나! 나는 너를 사랑한다. 어서 돌아와서 값있게 같이 살자구나!"

아들은 아버지의 편지를 받고 많이 울었다. 그렇다 해도 갈등은 여전히 존재하고 있었다. 더구나 집에 가서 꽁보리밥을 먹으며 하루 종일 일할 생각을 하니 앞이 캄캄했다. 아들은 깊은 고민에 빠져 삼일동안 몸부림치며 하나님께 기도하다가 자식의 도리를 깨닫고 집으로 가기로 결심했다. 집에 돌아온 아들은 부모의 뜻에 순종하기 위해 노력했고 지금은 가나안 농군학교에 몸담으며 효도를 가르치고 있다.

강의를 통해 김범일 장로는 "효를 알면 성공이 보이고 효자 가문이 번창하고 믿는 집안에서 효자가 난다."라고 강조했다. 또한 세 가지 측면에서 효도를 강조하였다. "첫째는 정신적으로 효도해야 한다. 둘째는 물질적으로 효도해야 한다. 셋째는 행동으로 효도해야 한다."라고 했다.

주님 안에서 사랑하는 그리스도인들이여! 하나님께서 부모님을 나에게 주신 뜻을 잘 알아야 한다. 효도 속에 건강의 복과 땅의 축복을 숨겨 놓으셨다. 호세아 선지자는 하나님을 믿는 성도들이 "내 백성이 지식이 없어 망한다."라고 말했다. 하나님께서는 부모님께 효도하는 자녀들에게 땅의 복, 건강의 복, 자손의 복을 주신다는 사실을 알아야 한다.

또한 신명기에서는 "하나님 여호와가 네게 준 땅에서 네 생명이 길고 복을 누리리라."고 하셨다. 건강과 재물의 복을 주신다고 약속하셨다. 잠언에서는 "이는 네 머리의 아름다운 관이요. 네 목의 금 사슬이니라."고 하여 부귀와 영화의 복을 약속하셨다. 이어서 "지혜를 얻으며 명철을 얻으리라."고 하시며 지혜와 명철의 축복을 약속하셨다.

따라서 삶이 아무리 어렵고 힘들더라도 불효를 버리자. 이방인으로 살아왔던 에베소 성도들은 하나님의 말씀을 몰라 부모에게 불효하여 큰 어려움을 겪었다. 하지만 사도 바울이 성경적인 효도를 가르쳐 주었더니 교인들이 불효를 버리고 효도하며 하나님께 순종하였다. 인생은 심는 대로 거두게 된다. 우리들도 하나님 아버지의 은혜와 성령의 도움으로 불효를 과감하게 버리고 효도하여 하나님께 영광을 돌리자.

신앙
유산 서약
(The Faith Heritage Covenant)

성경에서 가장 많이 사용하는 단어들 중의 자녀, 자손이 무려 4,850회로 어떤 말씀보다도 강조되고 있다. 이것은 믿음이 후손 대대로 계승되는 것이 하나님의 뜻임을 나타내고 있는 것이다. 신앙유산 서약이란 4가지 목적을 담고 있다.

첫째는 바른 신앙(faith)의 계승이다. 하나님의 말씀과 기독교의 신앙을 정확하게 알도록 하기 위한 것이다. 성경은 하나님께 대한 신앙과 예수 그리스도에 대한 복음의 신앙을 강조하고 있다. 창조자이신 하나님을 믿고 구원자이신 예수 그리스도를 믿는 바른 신앙이다. 그 신앙을 부모가 자녀와 후손에게 전달하도록 하기 위해 교회가 있고 예배가 있는 것이며 목회자가 설교를 하는 것이다.

둘째는 바른 유산(heritage)의 상속이다. 유산이란 후손에게 물려주는 사물, 문화, 재산, 정신, 종교, 신앙이다. 그러나 기독교인으로서 후손들에게 물려주어야 할 것은 하나님의 유산(God's heritage) 즉, 신앙의 유산이다. 그것은 하나님께 택함 받은 선민이 되고 믿음으로 하나님의 자녀가 되어 대대로 이어가는 믿음의 뿌리가 되도록 한 가장 값지고 고귀한 신앙이다.

셋째는 바른 서약(covenant)의 실천이다. 하나님은 서약을 할 때 지키도록 하였다. 서약이란 하나님께 맹세하고 약속하는 것으로서 반드시 지켜야 하는 것이다. 신명기 4장 40절에는 "오늘 내가 네게 명령하는 여호와의 규례와 명령을 지키라 너와 네 후손이 복을 받아 네 하나님 여호와께서 네게 주시는 땅에서 한 없이 오래 살리라."고 말씀하고 있다. 우리 신앙인들과 민족이 반드시 하나님을 믿고 따르겠다는 것을 다짐하며 고백하는 서약이다. 이와 같이 신앙유산 서약은 기독교 신앙을 후손들에게 물려주기 위한 하나님과의 약속이며 철저한 각오와 결단이라고 할 수 있다.

넷째는 바른 축복(bless)의 가문이다. 신앙 유산 서약은 하나님과 불변의 약속 관계를 맺는 일이다. 믿음이 처음 아브라함으로부터 출발될 때 그 약속은 축복으로 이어졌다. 사도행전 3

장 25절-26절에는 "너희는 선지자들의 자손이요 또 하나님이 너희 조상과 더불어 세우신 언약의 자손이라 아브라함에게 이르시기를 땅 위의 모든 족속이 너의 씨로 말미암아 복을 받으리라 하셨으니 하나님이 그 종을 세워 복 주시려고 너희에게 먼저 보내사 너희로 하여금 돌이켜 각각 그 악함을 버리게 하셨느니라."고 하셨다.

하나님이 주시는 바른 축복이 믿음의 후손 대대로 전해지는 영원한 기업이 되도록 하기 위한 것이다. 신앙 유산을 나와 자녀와 후손들이 지킨다는 것은 하나님과의 질서이며 공의로운 바른 믿음으로 우리의 믿음과 가정의 체계를 세우는 거룩한 일인 것이다. 그래서 우리는 하나님의 말씀을 실천하기 위한 다짐을 신앙 유산으로 확신하는 것이다. 그것은 하나님과 약속하여 말씀 그대로 이루시는 믿음의 가문, 축복의 가문, 영광의 가문이 되게 하는 목적이 있다.

신앙 유산 서약은 하나님의 계획을 성취하는 거룩한 역사이다. 그리고 의식의 변화를 위한 신앙관 정립이다. 교회의 생존과 유지를 위한 절명의 선택이다. 미래 믿음의 가문을 만드는 축복임을 명심해야 할 것이다. "내가 내 언약을 나와 너 및 네 대대 후손 사이에 세워서 영원한 언약을 삼고 너와 네 후손의 하나님이 되리라"(창 17:7), "너희는 그의 언약 곧 천대에 명령

하신 말씀을 영원히 기억할지어다"(대상 16:15).

그러므로 교회와 성도는 왜 신앙 유산을 서약하고 지켜야할 것인가를 기억하며 하나님의 원대한 계획이 3세대를 통한 축복임을 잊지 말아야 한다. 신앙유산을 물려주기 위해 우리는 마지막으로 마음에 새기고 자녀들에게 끊임없이 가르쳐주고 기억하게 하여 믿음의 가문으로 굳건히 서야 할 것이다.

후대에
흐르게 할 겸손

오늘은 성도들이 하나님 앞에 온 가족이 모여 가족의 신앙을 혹은 개인의 신앙을 서약하는 날이다. 우리는 한 달 동안 기도하였고 가정 예배를 드리며 준비를 하였다. 그 열매를 맺는 주일을 맞아 성도들에게 하늘에서 베푸시는 은혜와 평강이 넘치기를 바란다.

전북 김제에 '금산교회'라는 ㄱ자 교회가 있었다. 비록 작은 교회였지만, 한국 교회 역사상 매우 유서가 깊은 교회이다. 1905년에 설립이 되었으니 한국 초대 교회 중의 하나라고 볼 수 있다. 바로 그 교회에는 조덕삼 장로와 이자익 목사의 아름다운 이야기가 지금까지도 전해오고 있다.

경남 남해에 이자익 이란 매우 가난뱅이가 살고 있었다. 너무나 가난해서 어디 빌어먹고 살 데나 있나 하고 이리 저리 떠돌다가 당시 부자들이 많이 살고 있다는 전북 김제의 금산리에 들어오게 되었다. 그 마을에서 가장 큰 부잣집을 사람들에게 물어 무조건 찾아 가게 되었다. 그가 간 집은 머슴들에게 쌀밥을 주는 마음씨 좋은 조덕삼의 집이었다. 이자익은 그곳에서 마부로 일하기 시작하였다. 그러던 중 그 마을에 선교사가 찾아와 복음을 전하게 되었다.

조덕삼도 이자익도 예수를 믿게 되었다. 집안 식구들과 마을 사람들 몇이 조덕삼의 집 사랑채에 모여서 가정 교회가 시작되었다. 이듬해에는 조덕삼과 이자익이 함께 세례를 받았다. 교회가 부흥이 되어 영수들 중에 장로 한 명을 뽑는 선거를 실시하게 되었다. 후보는 두 명, 조덕삼과 이자익 이었다. 상식적으로 주인이요, 교회를 설립한 조덕삼이 당선이 되는 것은 당연한 일이었다.

그런데 투표 결과 주인 되는 조덕삼은 떨어지고 머슴인 이자익이 당선되고 말았다. 상전에다 15세나 연상인 조덕삼은 낙방이 되었으니 큰 일이 났다. 당시 풍습으로는 말도 안 되는 이야기이다. 게다가 금산교회는 목회자가 없어 장로가 목회자를 대신해서 설교를 해야 되는 상황이라 더욱 큰 일이 아닐 수 없었다. 교인들이 계속해서 술렁거리기 시작했다.

그런 위기 가운데 조덕삼이 나서서 자신을 비우고 낮아진 모습을 갖추고 그 문제 수습을 하였다. 그는 "우리 금산교회 성도들이 참으로 훌륭한 일을 해냈습니다. 이자익 영수가 저 보다 더 열심입니다. 성도 여러분, 이자익 장로님을 모시고 우리 잘 해 봅시다!" 라고 말했다. 그 후 조덕삼은 이자익 장로를 평양 신학교에 유학을 보내 목사 안수를 받게 하고 담임목사로 청빙하여 잘 섬겼다. 이자익 목사는 장로교 총회장을 세 번이나 지낸 유명한 목사가 되었다.

한편 조덕삼은 그 후 장로 투표에서 압도적으로 당선이 되었고, 유광학교를 설립해서 민족 지도자들을 양성하였다. 또한 그는 신앙의 유산을 물려주는 것으로 유명하다. 아들도 장로, 손자도 장로가 되었다. 그 손자가 바로 고(故) 조세형 장로(전 국회의원)이다. 이자익 목사도 훌륭하지만, 조덕삼 장로는 정말 훌륭한 분이라고 생각한다. 왜냐하면 예수님의 영성을 소유한 분이기 때문이다. 낮은 자가 높아지는 법, 이것이 바로 낮아짐의 영성을 추구하는 그리스도인의 축복과 영광이라고 생각된다. 그러므로 우리는 자신을 낮추면 살길이 열린다는 사실을 기억하고 후대에 흐르게 할 겸손의 덕목을 간직하고 실천하기를 기대한다.

세상에서
빛과 소금

               지금의 대한민국 사회는 미래를 가늠하기 어려울 정도의 책임회피와 도덕적 위기에 놓여있다. 개인과 가정 그리고 사회 도처에 구석구석 마다 빛과 소금의 사명을 상실한 개인의 삶 모습에서 더욱 안타까운 마음 금할 길 없다.

    '노블레스 오블리제'(Noblesse Oblige)라는 말이 있다. 노블레스라는 말은 '귀족, 사회 지도층'이라는 말이다. 오블리제라는 말은 '책임과 도덕적인 의무'를 말한다. 다시 말하면, 사회 지도층의 도덕적인 책임의무를 뜻하는 말이다. 이것은 혜택을 받은 자들, 특권계층의 솔선수범을 지칭하는 것이기도 하다. 과거 초기 로마시대에 왕과 귀족들이 보여준 투철한 도덕의식과 솔선수범하는 공공 정신에서 비롯되었다.

로마 사회는 고위층의 공공 봉사와 기부, 헌납 등의 전통이 강했다. 이러한 행위는 의무인 동시에 명예로 인식되면서 자발적이고 경쟁적으로 이루어졌다. 특히 귀족 등의 고위층이 전쟁에 참여하는 전통은 더욱 확고했다. 로마 건국 이후 500년 동안 원로원에서 귀족이 차지하는 비중이 15분의 1로 급격히 줄어든 것은 계속되는 전투에서 상당수의 귀족들이 많이 희생되었기 때문이었다. 이러한 귀족층의 솔선수범과 희생에 힘입어 로마는 고대 세계의 맹주로 자리할 수 있었다.

우리 교회에서 얼마 전에 지역학교 21명 학생들에게 장학금을 전달하였다. 우리 교회가 지역에 우뚝 세워진 것은 교회를 중심으로 지역을 섬겨야 하기 때문이다. 하나님 나라가 확장되어야 하기에 우리는 작은 것부터 희생하고 섬기고 예수님의 정신으로 그들을 보듬어 주면서 궁극적으로는 영혼들을 구원하기 위한 하나님의 뜻이 있다.

국가 지도자를 불신하고 사회를 원망하는 부정적인 모습의 생활이 아니라, 삶의 현장에서부터 크리스천의 정신을 갖고 자신을 통해 조금이라도 예수님의 참된 모습을 소외된 이웃들에게 보여주며 함께 더불어 살아가는 지혜가 있기를 소망한다. 예수님은 어떤 분이었는가? 죄인들과 세리들의 친구가 되셨다.

배고픈 자들을 먹이셨다. 당시 종교 지도자들은 자꾸 위로 올라갔지만, 예수님은 오히려 내려가는 삶을 택했다. 종이 되었고, 마지막에는 죄인처럼 십자가에 달려 죽으셨다. 죽어가는 고통의 와중에서도 원수들을 용서하셨다.

우리들도 소금처럼 말없이 희생하는 삶과 빛처럼 성결의 착한 행실로 내가 살고 있는 곳에서 그리고 삶의 현장에서 진실로 영향력을 끼치는 성숙한 크리스천이 되기를 기대한다. 나와 가정 그리고 우리 교회부터 작은 일에 밀알의 정신을 가지고 최선을 다한다면 점점 크고 놀라운 일들을 하게 될 것이다. 누구에게나 특권과 권리만 주어지거나 의무와 책임만 주어지는 경우는 없다. 그러므로 세상을 살아가는 모든 사람들은 자신이 받은 특권과 권리 그리고 의무와 책임을 잘 알고 세상에서 빛과 소금의 사명으로 주님이 주시는 아름다운 열매 맺기를 바란다.

자신과 우리 모두가 가정, 교회, 지역과 그리고 직장 공동체에서 이기심과 나쁜 행실을 버리고 희생과 섬김, 착한 행실을 통해 국민 모두가 행복하고 살맛나는 사회가 되기를 기대해 본다.

교회 부흥의
불길을 갈망하며

복음이 한국 내에 정착하게 되고 확산되는 데는 무엇보다도 1907년에 일어난 대부흥운동이 있다. 이 운동으로 평양에 부흥의 불길이 타올랐고, 그 불길은 전국의 교회로 확산되었으며, 한국 교회의 양적, 질적 성장에 지대한 영향을 끼쳤다. 이를 계기로 1909~1910년에 백만인 구령운동이 일어나는 등 한국 교회사에 일대 전환이 이루어졌다.

한국 교회는 백만인 구령운동의 목표를 이루지 못했다. 그러나 비록 백만 명이 전도되지 못했더라도 큰 의미가 있는 것은 전 개신교가 목표를 향해 일치단결했던 것은 한국 기독교 역사상 처음 있는 일이었을 뿐 아니라, 이 운동을 통해 한국 교회가 민족 복음화라는 한 가지 비전을 공유했고 복음 전파를 위해 최선을 다했기 때문이다.

한국 교회 초기 대부흥운동은 하디(R. A. Hardie) 선교사의 죄(罪)에 대한 고백으로 시작되었고, 선교사들이 주도했지만 주체는 길선주 목사였다. 길선주 목사의 부흥운동의 특징은 사경회를 통한 말씀 중심의 부흥운동으로 일제의 종말과 예수의 재림을 기다렸다. 그는 모든 인간이 죄인임을 강조하고 철저하게 회개할 것을 역설하였다. 부흥운동은 평양 장대현교회에서 그의 회개로부터 시작되었다. 또한 그는 한국 교회의 전통이 된 새벽 기도회와 통성 기도를 창안하기도 했다.

길선주 목사의 뒤를 잇는 다음 주자는 김익두 목사였다. 김익두 목사는 신유 부흥운동을 일으켜 한국 교회의 급격한 양적, 질적 성장에 지대한 영향을 끼쳤다. 1920년대를 주도한 그의 부흥운동은 기독교 내부에서 뿐 아니라, 이 나라의 개화기에 방황하는 수많은 사람들, 고통 받고 억압받는 빈농층과 병자들, 그리고 조국을 빼앗긴 슬픔의 민족을 위로해 주었다.

그의 부흥운동의 특징은 소외계층을 중심으로 한 대규모적인 부흥운동이었다. 그가 인도하는 부흥성회는 어디에서나 전례 없는 인파에 휩싸이곤 하였다. 그는 한국인들로 하여금 진정한 기독교의 진리를 터득하게 하였으며, 서양의 익숙하지 못한 종교로만 인식이 되었던 기독교 진리가 한국 기독교인들 마음에 뿌리내리게 하는 계기를 마련해 주었다.

한국 교회가 부흥의 불길이 주춤한다는 말들을 한다. 하지만 일제시대에 역사하셨던 하나님은 지금도 우리와 성령으로 함께 하신다. 그 어려운 환경 속에서도 길선주, 김익두 목사님은 성도들과 더불어 전국을 순회하며 부흥운동을 펼쳤다. 초대 교회에 부흥을 주셨고, 종교 개혁 시대에도 부흥을 주셨던 하나님께서는 일제시대와 근현대 속에서도 부흥을 주셨으며, 현재 우리에게도 동일하게 각종 은사와 부흥을 주실 줄 믿는다.

우리는 Acts 29를 통해 두 배 전도 부흥축제를 계획하고 있다. 한 사람이 한 영혼을 주님께로 인도하고자 하는 목표를 설정할 것이다. 하나님과 고독한 대면을 하지 않기 위해서는 내가 먼저 기도하고 믿음으로 구하여 성령의 역사를 기대하는 아름다운 믿음의 가족들이 되기를 간절히 바라는 마음이다.

오직
예수

레오나르도 다빈치가 43세 때에 온갖 정성과 심혈을 기울여 '최후의 만찬'이라는 그림을 완성했다. 중앙에 예수님을, 좌우에 제자들을, 그리고 그 앞에 식탁을 그린 후에 식탁 위에 은잔을 그렸다.

마침 친구가 찾아왔기에 그림을 보여주며 평가를 부탁했다. 그림을 본 친구는 탄성을 질렀다. 친구는 식탁 위에 놓인 은잔이 너무 섬세해서 그 잔에서 눈을 뗄 수 없다고 말했다.

그 말을 듣는 순간 다빈치는 붓을 들어 그 잔을 지워버렸다. 친구가 놀라서 이유를 물으니 "오직 예수 외에는 그 무엇도 이 그림의 중심이 될 수가 없다네!"라고 대답했다.

우리의 삶도 예수님이 중심이 되고, 오직 예수님만 나타날

수 있어야 한다.

젊은 시절, 큰 부자로 살던 할머니가 예수님을 믿게 되었다. 어느 날 손녀의 손을 잡고 시내에 나갔다. 할머니를 보고 불쌍한 사람들이 도와 달라고 손을 내밀었다. 얼마를 주고 가다 또 다른 이가 도움을 요청했다. 또 그에게도 동정을 베풀었다.

구세군의 자선냄비에도 돈을 집어넣었다. 그리고 만나는 사람마다 할머니는 동정을 베풀었다. 그러자 손녀가 말했다. "할머니, 오늘 참 손해 많이 보시네요?" 할머니는 손녀가 알아듣던 못 알아듣던 말을 했다.

"내가 예수님을 믿은 후에 급한 성격도 버렸고, 남을 흉보던 말도 다 버렸단다. 세상 쾌락도, 욕심도, 이기심도, 질투도, 남을 비판하는 마음도 다 버렸다. 이제 나에게 남은 것은 오직 예수님뿐이란다."

우리도 예수님을 믿고 다 잃어버렸다고 고백할 수 있어야 하지 않겠는가? 그 대신에 나에게는 남은 것은 오직 예수님뿐이라고 고백할 수 있기를 바란다.

나라를
사랑하는 신앙인

1945년 8월 15일, 해방과 함께 우리 민족은 자유를 얻었다. 동시에 교회 안에도 광명의 빛이 비추었다. 하지만 교회는 이내 깊은 신음 속으로 빠져들었다. 한국 교회는 해방의 기쁨을 누리지도 못한 채 남북 분단 상황을 맞게 되었다. 또 한편으로 일제 강점기 말 신사 참배 문제가 교회 재건의 걸림돌로 등장하여 분쟁의 씨앗이 되었다.

그럼에도 불구하고 각 교단이 재건에 박차를 가하던 중 1950년 6월 25일에 한국전쟁이 발발하였다. 이로 인해 우리나라는 거의 폐허가 되다시피 했고 엄청난 인적, 물적 손실을 입었으며 민족의 상처와 아픔은 최고조에 이르렀다. 전쟁의 깊은 상처가 아물기도 전에 한국 교회는 이단의 활거와 교회 분열이라는 아픔을 갖게 되었다.

이때 많은 부흥사들이 전국을 순회하며 복음을 통해 조국에 희망을 불어 넣었다. 말씀으로 무장한 이들이 진정으로 애국하는 길을 국민들에게 역설했다. 그 중 대표적인 인물이 성결교회의 이성봉 목사, 장로교회의 김치선 목사이다. 이들은 한국 교회가 복음으로 성령의 체험과 영적인 부흥운동을 통해 민족의 소망을 던져주었다. 한국 교회가 복음으로 세워 갈 수 있다는 신앙적 토대뿐만 아니라 이 나라와 하나님 나라를 동시에 사랑하는 것은 모든 국민이 예수 그리스도를 믿고 민족 복음화가 되는 것임을 외쳤다.

과연 우리는 하나님 나라를 위해 대한민국 국민으로서 신앙인으로 어떻게 애국할 것인가? 미국의 사상가이며, 문필가인 헨리 소로우는 '한 개인이 국가를 위하여 봉사하는 데는 3가지 방식'이 있다고 했다. 첫째는 육체로 봉사하는 것이다. 노동력을 발휘해서 국가에 유익을 끼치는 사람이 되는 것이다. 둘째, 두뇌로 봉사하는 것이다. 지성적인 능력을 통해서 국가에 유익을 끼치는 사람이 되는 것이다. 마지막으로 양심으로 봉사하는 것이다. 조국을 위해서 역사의식을 가지고 자기를 희생할 줄 아는 사람이 되는 것을 말한다. 여기에 우리가 복음으로 무장하여 나라를 사랑하고 하나님을 섬기는 것이 진정한 애국임을 말하고 싶다.

OO신문 여론조사에 각 국가의 애국심 조사 결과가 실렸다. 미국의 한 기업이 전 세계 251개국 126만 명을 대상으로 실시한 여론조사에서 "조국을 자랑스럽게 생각한다고 대답한 국민은 1위가 캐나다(92%), 2위는 미국(90%), 한국이 149위(59%), 북한이 179위(57%)를 기록했다. 이 결과를 놓고 본다면 우리 사회가 겪고 있는 위기와 관련해서 시사하는 바가 크다. 누가 이 시대의 진정한 애국자인가? 헨리 소로우가 언급한 세 가지에 우리는 투철한 신앙심을 더하여 하나님 앞에서 이 민족의 죄악을 회개하고 이 나라 회복을 위하여 기도하며, 이 민족의 복음화를 위해서 눈물을 쏟는 사람이 진정한 애국자가 아닐까?

힘을
내야 할 여름

전도코리아 대표 김두현 박사는 전도에 대한 정의에 대하여 다음과 같이 세 가지로 말했다. "첫째, 전도는 생명의 역사이다. 둘째, 전도는 세상의 구원이다. 셋째, 전도는 교회의 부흥이다. 전도는 스킬, 테크닉, 프로그램, 행사로 하는 것이 아니라, 신앙관의 변화에서 시작되어야 한다."라고 하였다. 왜냐하면 전도와 기도는 다른 구조로 되어있으므로 여기서부터 시작해야 한다는 것이다.

'행복'이나 '축복'이나 '부자'라는 단어에는 무게가 없다. 그렇기 때문에 이것을 계속 쓰다보면 잘 되는 것 같다 가도 자신의 삶 속에서 크고 작은 바람이 한 번 불면 날아가 버린다. 인간의 삶도 너무나 '성공'이라는 단어에 집착하게 되면 한 번 부는 광풍에 풍지 박살이 난다. 그러나 복음은 무섭다. 복음에는 무게와 속도와 힘이 있다. 이것은 복음 자체가 가지는 힘이다. 전도는 교회에서 기도와 믿음이 좋은 사람이 내 멋대로 하는 것이 아니다. 전도는 주님의 명령인 것이다. 많은 성도들이 지금은 전도가 안 되며 전도하기 힘든 시대라고 이야기 한다. 그러나 그것은 자기의 기준이다. 주님의 기준이 아니다.

우리는 사람의 기준으로 전도할 것이 아니라, 주님의 기준으로 나아가야 한다. 한국 교회 모든 성도들은 전도의 기준을 주님의 기준으로 고쳐야 한다. 절대 나를 기준으로 삼으면 전도를 하지 못한다. 천지를 창조하신 절대 주권자이신 하나님께서 주신 성경 말씀에 따라 전폭적으로 순종하며 살려고 작심한다면 하나님이 능력을 부어 주신다. 전도 할 수 있는 영적인 힘, 필요한 물질, 육체적인 건강, 이 모든 역사를 다 하나님이 이루어 주신다.

평소에 우리 성도들이 익히 알고 있는 전도, 해야만 되는 전도, 매년마다 영혼을 주님께로 인도해야 된다는 거룩한 부담감을 가지고 있다.

세월이 얼마나 빠른지 벌써 한 해의 절반을 정리하는 6월 마지막 주일을 맞았다. 언제나 매주일 마다 같은 말씀을 받는 것 같은데 언제나 동일한 은혜는 아니다. 때로는 하나님께서 각 성도에게 새로운 도전을 주시고, 잠자는 나의 인간적인 의식을 깨우게 하는 영적 각성의 메시지를 주시기도 한다.

성령 안에서 성도는 의식이 변하고 영혼의 심장이 변하고 그리고 그 변화가 우리 교회에 그대로 투영되기 까지는 끊임없이 반복되는 영적 훈련과 쉬지 않는 자기 성찰이 필요한 것이다. 하물며 자신의 변화에도 이처럼 각고의 노력과 시간이 필요한데 연약한 나를 통해서 다른 사람의 변화를 이끄는 일이라면 더 말해서 무엇 하겠는가?

6월, 무더운 날씨와 계속되는 힘겨운 삶의 연속이었지만, 피곤한 손과 연약한 무릎을 일으켜 세우시는 주님을 바라보며 다 함께 힘을 내자. 성도들이여, 주님 안에서 영적인 힘을 내서 이 무더운 여름을 온전한 정신으로 살아가자.

손바닥에
새긴 사랑

우리가 평안하게 살 때에는 하나님의 사랑을 느끼기가 쉽다. 그러나 어려운 상황에 빠지면 하나님의 사랑을 의심하기 쉽다. 특히 우환이 겹치거나 죄를 범하고 나면, 하나님에게 버림을 받았다고 생각하거나 하나님의 사랑을 의심하게 된다.

성경에서는 절대로 그런 일이 없다고 말하지만, 심정적으로는 하나님의 사랑을 의심하게 되고 급기야는 하나님께 버림 받은 것으로 단정하기까지 한다.

시편 31편 22절을 보면, 다윗 같은 신앙의 거인도 "내가 놀라서 말하기를 주의 목전에서 끊어졌다 하였사오나"라고 할 정도니 우리 같은 사람들이야 얼마나 그런 생각을 많이 하겠는가?

그렇기 때문에 하나님께서는 "여인이 어찌 그 젖 먹는 자식을 잊겠으며 자기 태에서 난 아들을 긍휼히 여기지 않겠느냐 그들은 혹시 잊을지라도 나는 너를 잊지 아니할 것이라 내가 너를 내 손바닥에 새겼고"(사 49:15, 16)라고 말씀하신 것이다.

인간의 사랑 가운데 가장 위대한 사랑은 아마도 젖 먹는 아기를 향한 어머니의 사랑일 것이다. 어머니의 사랑은 위대하며 크다. 만약 어머니가 젖 먹는 아기를 잊어버리면 그 아기는 죽을 수밖에 없다.

아기를 낳고서는 아기 젖먹이는 것을 깜박 잊었다는 어머니는 없을 것이다. 그런데 하나님의 사랑은 어머니의 사랑과는 비교가 되지 않는다. 하나님의 사랑은 우리를 손바닥에 새기시는 사랑이다.

우리가 손바닥에 무언가를 적는 것은 그것을 잊지 않고 기억하려는 것이다. 하나님께서 우리를 손바닥에 새기셨다는 것은 하나님께서 우리를 영원히 잊지 말아야할 중요한 존재로 여기시기 때문이다.

우리의 가치를 깨닫고 우리를 손바닥에 새기신 주님의 영원한 사랑을 기억하며 살아가자.

나무와
숲

우주 공간 속에 지구의 창을 허락하신 창조주 하나님께 감사드린다. 이 땅에 그 누구도 살아보지 않은 새 아침의 선물을 받은 오늘, 교회 창밖의 벗나무, 대추나무, 감나무, 백일홍 나무 등이 시야에 들어온다. 어린 시절 가섭 산에 펼쳐진 울창한 숲은 잊지 못할 하나님의 작품이었다. 맑은 하늘 아래 초록빛 가득한 그곳이 문득 생각난다.

길고 짧은 우리 인생을 살다보면 삶의 현장에서 때때로 큰 숲은 보지만 작은 나무를 못 보는 경우가 종종 있다. 또한 나무는 보는데 숲을 보지 못하는 실수를 할 때가 간혹 있다. 그렇지만 엄밀히 생각하면 하나의 나무가 모여 넓고 큰 숲이 이루어지는 것을 본다면 나무를 먼저 발견하는 것이 이치에 맞지 않을까 여겨진다.

숲에는 큰 나무 작은 나무 할 것 없이 모두가 조화롭게 어우러져 살아가고 있다. 그곳의 식물이나 짐승들은 계곡에서 흐르는 물을 공급받고 더불어 지낸다. 우리네 인생도 많이 소유한 자, 그렇지 못한 자, 개인의 유무식을 떠나 작게는 가정, 사회 그리고 국가의 공동체를 이루고 산다.

때로는 숲속에 바람이 세게 불어 나무가 여기저기 흔들릴 때도 있다. 하지만 뿌리가 깊이 박힌 든든한 나무는 가지와 잎 새만 흔들리곤 한다. 또 여름엔 줄줄 흐르는 땀방울을 식혀주는 시원한 바람도 모아다 주기도 한다.

우리의 삶에서 큰 나무가 만드는 그늘에는 나와 너 우리가 만나 향기로운 만남이 이루어진다. 큰 나무의 그늘, 인생의 주인 되시는 반석이 예수 그리스도이다.

뿌리와 몸통이 흔들리지 않는 든든한 나무, 그 나무 그늘에 모여 이 아침에 예수 그리스도에게로 초대한다. 모든 과실이 영글어 가고 우리 인생의 마음의 연못도 깊어가는 사색의 계절에 세상에서 주는 잠깐의 휴식이 아니라, 인생의 주인 되시는 주님의 위로와 기쁨이 넘치기를 소망한다.

바로 그분과의 특별한 만남이기에 오늘 주님께로 나오신 형제, 자매 여러분을 진심으로 마음 깊이 환영한다. 마음을 담아 준비한 선물을 가을이 오는 아침에 전한다. 우리는 한시적인 삶을 살아가는 인간이다. 우리 모두 기쁨의 만남을 소중히 알아 감사하자. 주님이 원하시는 믿음의 신앙생활에서 참된 삶의 가치를 얻고 가정과 자녀 그리고 직장과 사업에 성령의 인도하심이 가득하기를 기원한다.

오늘은 한 사람이 한 영혼을 주님께로 인도하는 날이다. 그 영혼을 섬기고 위하여 기도했으며 그가 성령으로 거듭난 삶을 살아가는 것이 최고의 기쁨이 되기도 한다. 천하보다 귀한 영혼을 모시고 한 걸음 한 걸음 걷는 이 길이 신앙의 일보라 한다면, 우리는 그것마저 오늘에 만족하지 말고 주님이 재림하시는 그날에 책망 받지 않고 모두가 들림 받는 축복을 받아 영생의 길로 갈 수 있기를 소망한다.

바라기는 우리 모두 인생의 나무와 숲을 이루며 살아가는 동안 2014년부터 2020년까지 개인과 가정 그리고 한국 교회가 100배 하나님의 일을 하고자 하는 비전을 품어 보자. 민족복음화, 세계복음화를 위한 하나님의 귀한 사명을 이루기 위해 그 무겁고 힘겨운 삶을 살아가면서도 시류에 빠지지 않고 주님을 모시고 거목과 같은 큰 몸통을 이루어 흔들리지 않는 당신의 미래가 펼쳐지기를 바란다.

삶의 숲에서 때로는 포기하고픈 문제와 해결하지 못할 것 같은 장애가 있다하여도 삶의 주인 되시는 예수 그리스도께서 주시는 능력으로 날마다 승리하기를 기도한다. 우리 앞에는 항상 승리가 놓여 있다. 나는 주님 안에서 무엇이든지 할 수 있다. 그것만이 나의 미래를 결정짓는다. 왜냐하면 나는 질그릇과 같이 연약하여 쉽게 깨지기 쉬운 몸과 영이지만, 삶의 나무와 숲을 책임지시고 이끌어 가시는 거목이자 반석 이신 예수 그리스도가 내 마음을 붙잡고 있기 때문이다. 늘 주님만 바라보고 살아가기를 희망해 본다.

진정한 만남

지나온 기억은 당신의
머릿속과 정서 속에 있다지만
무엇보다 나의 몸은 기억하고 있나니
말과 감정도 아니라 행동보다
인지 정서 행동의 행위적 경험을
드러나기 위해 변화가 있어야 하리
오늘도 역할은 있지만
진정한 만남이 없다면
나와 당신의 만남은 실패라오
나와의 참 만남이 필요 하다오

자기 방식대로 만남은 헤어짐의 연속
나만의 도식으로 끊임없이 살았다면
이젠 의존하지 마오 너무 많이 주지 마오
당신의 무거운 짐에서 자유를 찾아봐요
그림자와의 만남으로 끝나지 말고

자기 방식대로 만나지 말고

짐승적 방식으로 크게 보이려 말고

해야만 되는 이유가 꼭 있다면

당신이 자발적인 마음으로

하나님의 창조성을 찾아

과거에 매인 아픔을

십자가의 보혈로 씻어

삶의 고통에서 주님의 은혜로

그림자가 아닌 나로 살기 위해

Part 3

기다리는 가을

풀벌레들의 울음, 노랫소리가 어느 새 그친 들판
가을이 그 만큼 깊어졌다는 것을 말해주는 듯
교회 옆 벚나무, 단풍나무 위 심장 조각 같은 낙엽들
수년간 스쳐 떠나간 얼굴들을 떠올려본다.

풍전

등화의 대한민국

　　대한민국을 중심으로 한 동북아의 국제정세가 6월부터 7월 사이에 말할 수 없이 변했다. 일본에서는 헌법 해석을 새롭게 내놓아 앞으로는 침략전쟁을 할 수 있는 길을 만들어 놓았고, 북한은 납치당한 일본인들을 송환한다는 명목아래 두 나라가 많이 가까워졌다. 또한 지난주에는 중국의 시진핑 주석이 우리나라를 찾아 두 정상이 회담을 하면서 한국과 중국이 급격히 가까워졌다.

　　미국은 경제적인 힘이 약해져 아시아에 많은 방위비를 스스로 감당하기 어렵게 되자 일본의 집단 자위권을 인정해 주며 일본을 뒷받침해 주는 방향으로 외교정책을 선회하였다. 이와 때를 같이하여 러시아가 북한과 밀접한 외교정책을 펼치고 있다. 대한민국은 강대국인 남쪽의 일본, 북쪽의 중국과 러시아, 서쪽의 미국 사이에 끼어서 아주 힘겨운 나날을 보내고 있다. 요즘 들어 우리나라는 구한말 때와 비슷한 환경이 조성되고 있는듯하니 한국 교회 성도들은 이럴 때일수록 전능하신 하나님께 기도해야 할 것이다.

구약 성경에 나오는 예레미야가 사역할 당시 중동지방은 새로운 강대국의 출현으로 국제정세가 많이 흔들리고 있었다. 북쪽에는 북이스라엘을 함락시키고 수많은 백성들을 포로로 끌고 갔던 앗수르가 세력이 약해지면서 새로운 신흥국인 바벨론이 일어나고 있었다. 한편, 남쪽에는 애굽이 강대국으로 버티고 있었다. 바벨론은 남하 정책을 펼치고 있었으며, 애굽은 북쪽으로 세력을 뻗으려했다. 유다는 이러한 강대국 사이에 끼어 오직 눈치만 보고 있었을 뿐이었다. 예레미야가 사역하였던 40여 년 동안 여섯 명의 유다 왕들이 외국의 세력에 의하여 강제로 교체되었다. 국력이 없었던 유다는 결국 바벨론에 의해 멸망당했다.

예레미야는 이렇듯 유다가 풍전등화와 같은 어려움을 당할 때, 하나님 말씀을 선포한 예언자였다. 하나님께서는 애굽에서 종살이 하던 이스라엘 백성을 끌어내어 독립국가로 만들어주셨다. 여호와는 아름답고 광대한 땅, 젖과 꿀이 흐르는 가나안 땅을 선물로 주시고 아울러 그들이 잘 살 수 있도록 언약의 말씀과 계명도 주셨다. 그들이 하나님 말씀대로만 살면 풍요를 누릴 수 있었다. 하지만 이들은 하나님 말씀을 저버리고 우상을 숭배하고 온갖 죄악을 저질렀다. 도와주어야 할 고아와 과부를 오히려 멸시하고, 빈민의 재판을 공정하지 않게 했다. 종교 지도자들은 하나님께서 원하시는 말씀을 선포하지 않았고 오히려 정치가들과 부자들의 비위를 맞추기에 급급했었다. 예레미야는 그들에게 회개하고 하나님께 돌아오라고 눈물로 호소했다.

우리가 성경 말씀을 절대적으로 믿는다면, 지금 대한민국은 강대국들의 눈치를 볼 때가 아니다. 무엇보다 하나님께 돌아와서 말씀대로 살면서 정의롭고 진리가 통하는 사회를 만들어야 한다. 앞으로 국론이 분열되지 않고 하나로 뭉쳐야 하겠다. 한국 교회 성도들은 미국이나 일본이 아니라, 하나님을 더 두려워해야 한다. 나라와 민족을 위해 예레미야처럼 내가 먼저 회개하고 성령 충만한 그리스도인이 되기를 희망한다.

예수님의
갈대 사랑

예수님은 상한 갈대와 같은 사람들을 사랑하신다. "상한 갈대를 꺾지 아니하며 꺼져가는 등불을 끄지 아니하고"라는 말씀은 이사야가 예언한 하나님의 종 곧 예수님의 성품에 대하여 선언한 것이다. 예수님께서 공생애를 통해 보여주신 모습은 이사야 선지자의 예언 그대로였다.

마태복음 12장을 보면 예수님은 안식일에 손 마른 사람을 보시고 불쌍히 여겨 고쳐주셨다. 그러자 사람들이 그것이 율법적으로 옳은 일인지 물었다. 예수님은 "안식일에 선을 행하는 것이 옳으니라."고 말씀하시고 회당을 나온 후 뒤따르는 많은 사람들의 병을 다 고쳐주셨다.

그리고 나서 선지자 이사야의 말씀을 인용하여 말씀하셨다. "상한 갈대를 꺾지 아니하며 꺼져가는 심지를 끄지 아니하기를 심판하여 이길 때까지 하리니 또한 이방들이 그의 이름을 바라리라 함을 이루려 하심이니라"(마 12:20, 21).

'심판하여 이길 때까지'라는 말은 우리로 온전히 하나님 나라에 들어가게 하실 때까지 주님께서 우리를 사랑하신다는 것이다. 나의 모습이 상한 갈대 같은지? 꺼져가는 심지 같은지? 아무리 봐도 가망이 없어 보이고 도무지 희망을 가질 수 없을지라도 주님은 우리를 지키시고 보호하신다.

우리는 사랑받을 자격이 있느냐 없느냐를 따진다. 그러나 하나님은 우리가 사랑받을만한 일을 해서 우리를 사랑하시는 것이 아니다. 사람들에게 상한 갈대와 같이 여겨질지라도 주님께서는 그러한 우리를 사랑하신다. 주님의 사랑은 조건부의 사랑이 아니라 무조건적인 사랑이다.

하나님 앞에서 우리의 모습이 부끄럽고, 부족할지라도 하나님께서 우리들을 사랑하고 계심을 깨달아 알아야 한다.

일상의
은혜와 감사

중국 위나라에 편작(編鵲)이라는 전설적인 명의(名醫)가 있었다. 이 사람은 다 죽어가는 심각한 환자들도 살려내는 명의로 소문이 자자했다. 편작은 3형제 중에 막내였는데, 두 형도 모두 의사였다.

하루는 임금이 편작에게 물었다. "그대는 3형제 중 누가 제일 명의라고 생각하는가?" 사람들의 평판으로는 편작이 제일 유명한 명의였지만, 편작의 대답은 달랐다. "저의 큰 형님이 제일 명의라고 생각하고, 그 다음은 둘째 형님이고 제 의술이 가장 떨어집니다."

임금은 다시 물었다. "그런데 두 형들은 왜 세상에 알려지지 않았는고?”

“저의 큰 형님은 환자가 아픔을 느끼기도 전에 얼굴빛으로 이미 그에게 닥쳐올 병을 미리 압니다. 그래서 환자에게 병이 오기도 전에 이미 병의 원인을 제거해 줍니다. 환자는 아프지도 않은 상태에서 치료를 받아서 고통을 제거해 주었다는 사실을 깨닫지 못하는 겁니다. 또한 둘째 형님은 큰 형님만큼은 못하지만, 환자의 병세가 약할 때에 그것을 알아보고 조기에 치료를 해 줍니다. 그래서 환자들은 자신의 큰 병을 다스려 주었다고 생각지 않습니다.”

임금은 궁금해 하며 물었다. “그렇다면 그대는 어떻게 환자를 치료하는가?”

“저는 환자의 병이 커지고 환자가 고통 속에서 신음할 때에야 비로소 병을 알아봅니다. 병세가 심각하므로 독한 약을 쓰고 살을 도려내는 수술을 해야만 합니다. 사람들은 저의 그런 행위들을 눈으로 확인했기 때문에 저를 명의로 여기게 된 것입니다.”

편작의 이야기는 우리의 삶의 태도를 돌아보게 한다. 우리는 죽을 지경, 망할 지경에서 벗어난 때에는 감사하지만, 하루를 무사히 보낸 것에 대해서는 감사하지 못한다. 우리는 이 점에 대해서 깊이 생각해 볼 필요가 있다.

교만과
순종

"Listen and hear. Do not be proud, for the Lord has spoken; 너희는 들을지어다. 귀를 기울일지어다. 교만하지 말지어다. 여호와께서 말씀하셨음이라"(렘 13:15). 이 땅에서 개인의 삶을 망가뜨리는 것과 국가의 흥망성쇠의 커다란 이유 중 하나가 바로 "교만"이라고 성경은 가르친다.

남쪽 유다도, 북 이스라엘도 교만 때문에 망했다. 그들의 교만한 마음이 하늘을 찌를 듯이 커져서 하나님의 진리의 말씀을 들었어도 모두 무시해 버렸다. 이렇게 되지 못하게 교만한 인간들을 향한 하나님의 노력이 "내가 너희 조상들을 애굽 땅에서 인도하여 낸 날부터 오늘까지 간절히 경계하며, 끊임없이

경계하기를 너희는 내 목소리를 순종하라 하였으나"(렘 11:7)
라고 말씀하셨고, "내가 그를 위하여 내 율법을 만 가지로 기록
하였으나 그들은 이상한 것으로 여기도다."(호 8:12)라고 기록
되어 있다.

교만한 인간들이 아무리 무시할지라도, 인간이 이 땅에서뿐
만 아니라, 영원히 승리하는 생명의 길은 오직 하나님이 제시
하시는 길 밖에 없음을 알아야한다. 그렇기 때문에 하나님께서
는 끊임없이 이스라엘 백성에게 진리의 말씀을 주셨다. 선지자
들이 기록한 일 만 가지의 말씀은 이스라엘 뿐 아니라, 21세기
를 살아가고 있는 한국 교회 성도들에게도 귀중한 생명의 양식
이 되는 것이다.

완전한 길을 잘 알지도 못하면서, 왜 사람들은 그리 교만하
게 삶을 살아가는 것일까? 하나님께서는 사람들이 자신이 누구
인지를 정확히 알지 못하기 때문이라고 단호히 말씀하신다. 다
시 말하면, 사람이 주제 파악을 못하기 때문이다. "악인은 그의
길을, 불의한 자는 그의 생각을 버리고 여호와께로 돌아오라.
그리하면 그가 긍휼이 여기시리라. 우리 하나님께로 돌아오라.
그가 너그럽게 용서하시리라. 이는 내 생각이 너희의 생각과
다르며 내 길은 너희의 길과 다름이니라. 여호와의 말씀 이니
라. 이는 하늘이 땅보다 높음같이 내 길은 너희의 길보다 높으

며 내 생각은 너희의 생각보다 높음 이니라."(사 55:7-9)고 분명히 말씀하셨다. 하나님은 내가 내 인생을 성공시키려고 세워 놓은 계획과 생각이 하나님의 말씀과 다르면 무조건 내 것을 즉시 포기하라고 명령하신다. 하나님의 생각과 하나님께서 제시하시는 길이 옳다고 확실히 선포하신다.

그렇기 때문에 예수님도 "If anyone wants to be My follower, he must give up himself and his own desires. He must take up his cross and follow Me; 사람들을 향해 나의 제자가 되려면 먼저 자기를 부인해야 한다고 가르치셨다"(막 8:34). 여기에서 자기 부인은 바로 자기 생각을 버리라는 것이다. 왜 내 것을 버리고 하나님의 것을 선택해야만 하는가? 그 이유는, 나와 하나님의 위치가 근본적으로 다르기 때문이다. 그분은 나의 창조주시며, 나를 이 땅에 보내신 분이시다. 현재도 나를 주관하시며, 내 영혼을 언제든지 부르실 수 있는 나의 삶의 주인이시기 때문이다.

나의 삶에서 주제를 제대로 파악하도록 하자. 다만 참된 생명의 길을 열심히 배우며, 교만하지 말고 주님께 전폭적으로 순종하자. 그렇게만 살아간다면 내가 가는 앞길에 풍성한 열매를 맺을 것이고, 또한 예수님과 더불어 영원히 승리할 것이다.

대접하는 봉사

눈보라가 몰아치던 어느 겨울밤에 노부부가 허름한 여관 문을 두들겼다. 노부부는 늦은 밤 눈보라 속에서 열여섯 번째로 이 여관을 찾아온 것이다. 그런데 이 여관에도 손님으로 가득 차 빈 방이 없었다.

여관을 관리하던 청년은 차마 그 노부부를 밖으로 내보낼 수 없어 한 가지 제안을 했다. "만약 괜찮으시다면 오늘 밤 제 침대에서 주무세요. 저는 그냥 한쪽 구석에 자리를 깔고 누우면 됩니다."

노부부는 크게 감동했다. 이튿날 그 노부부가 숙박비를 지불하려고 하자 청년은 만류했다. 노부부는 여관을 나서면서 농담 섞인 칭찬을 했다. "여관을 관리하는 당신의 능력은 최고급 호텔의 지배인과 맞먹는 것 같군요.”

청년은 크게 웃으면서 대답했다. “그야 물론이죠. 저는 이 다음에 최고급 호텔의 지배인이 될 겁니다. 지금의 수입으로도 늙으신 어머니를 모시는 데는 충분합니다. 그러니 부담 갖지 마십시오.”

2년이 지난 어느 날, 그 청년은 뉴욕에서 날아온 한 통의 편지를 받게 되었다. 편지를 열어보니 그 안에는 2년 전 자신의 침대에 재워 준 노부부가 보낸 뉴욕 행 왕복 비행기 티켓이 들어 있었다.

청년은 번화한 뉴욕에 도착했다. 노부부는 그 청년을 5번가로 안내했다. 그리고는 앞에 있는 큰 건물을 가리키며 말했다. “이것은 당신을 위해 지은 최고급 호텔입니다. 지금 우리는 정식으로 당신을 지배인으로 초청하고 있는 것입니다.”

원망 없이 노부부를 대접했던 청년은 그 노부부를 통해 자신이 그토록 그리던 꿈을 이루는 행운을 안을 수 있었다. 이 이야기는 오스코리아 호텔의 지배인인 조지 피터와 그의 은인 윌리엄 일가의 실화이다.

성경은 우리에게 “선을 행하되 낙심하지 말지니 포기하지 아니하면 때가 이르매 거두리라.”(갈 6:9)고 말씀하고 있다. 심으면 거두게 되어 있기 때문이다.

당신은
행복하십니까?

이 땅에 많은 사람들은 자신의 행복을 위하여 애쓴다. 그렇게 노력한다고 행복이 오는 것은 아니지만 그렇다고 그 행복을 포기할 수도 없다. 추상적인 즐거움이 아니라 실제 삶의 현장에서 체험되는 행복은 반드시 오기 마련이다. 사람은 소유한 것으로 만족할 수 없기 때문에 그 이상의 것을 찾으며 마음의 쉼을 통해 정신적인 행복을 추구한다.

미국 정치학자 로널드 잉글하트가 지난 20년 동안 발표한 '행복지수'를 분석했다. 그 결과 대부분의 나라에서 1인당 국내 총생산이 15,000달러에 도달하면 '수확 체감'이 발생하며 돈은 행복감에 거의 영향을 주지 않는다고 한다. 그 이유가 무엇일까?

학자들은 '손실 혐오(loss aversion)'와 '적응'으로 그것을 설명했다. 소득이 아무리 늘어나더라도 인간은 쉽게 그 상태에 적응하게 되고 만족도가 점점 감소해진다. 많이 가지면 가질수록 손실 혐오에 시달리게 되어 불만족도가 점점 증가한다는 것이다.

비근한 예로 우리나라 국내 총생산(GDP)이 1960년대 초반에 비해 약 3,000배 이상 증가했는데도 불구하고 삶의 만족감은 경제협력개발기구(OECD)에서 가장 밑바닥이다.

나의 생활 속에 행복이 충족되는 것은 아니지만 주어진 것으로 감사하고 자기 자신을 넘어서서 가족이나 직장 또는 교회와 사회를 위해 봉사하고 공헌하는 의미 있는 삶의 진정성을 갖고 살아갈 때 인간은 더욱 행복해 지는 것이다. 샤하르 교수는 그의 책 '하버드대 52주 행복 연습'에서 행복 연습 첫 주를 '감사하기'로 시작하고 있다.

우리 그리스도인들의 진정한 행복은 성경 말씀을 따라 살아갈 때 오는 것이다. 지금 내가 겪고 있는 환경이 어떠하든지, 소유하고 있는 것이 크든지 작든지 간에 그 것이 중요한 것이 아니라, 하나님이 창조하신 인간은 현재 그 말씀을 인정하며 결단을 내리고 살아갈 때에 그 영혼이 진정한 행복을 체험할 수 있는 것이다.

이 사실에 대하여 이사야 55장 2절에는 다음과 같이 말하고 있다. "너희가 어찌하여 양식이 아닌 것을 위하여 은을 달아 주며 배부르게 하지 못할 것을 위하여 수고하느냐? 내게 듣고 들을지어다. 그리하면 너희가 좋은 것을 먹을 것이며 너희 자신들이 기름진 것으로 즐거움을 얻으리라."; "Why do you spend money for what is not bread? Listen well to Me, and eat what is good. Find joy in the best food." 성도들이 생명의 말씀을 듣고 그 말씀대로 살아갈 때 하늘에서 내려오는 신령한 행복이 우리 안에 임하게 될 것이다.

심리학자 로버트 에먼스와 마이클 맥컬로는 자신의 연구에 참가한 사람들에게 크고 작든 간에 자신의 현실에서 감사를 표현하는 사람은 그렇지 않는 사람보다 더 큰 행복을 느끼고, 결단력 있게 행동할 줄 알았으며, 삶의 활력이 넘치고 더욱 긍정적인 모습으로 살더라는 것이다.

위와 같이 일반인들도 긍정적인 마음을 갖고 행복을 추구하는데 하물며 전능하신 하나님을 믿고 성령의 인도함을 받고 사는 우리 성도들은 어떻게 해야 할까? 생명의 말씀을 매일 듣고 현명한 결단으로 행복을 누리는 성도들이 되기를 기대한다.

양손에
쥐고 달려가는 희망

필자는 중국인들에게 10여 년 동안 복음을 증거하고 있는 선교사를 격려하기 위해 방콕에 다녀왔다. 그는 소아마비 증세를 가지고 있기에 불편한 몸으로 학업을 해나갔고 주위 사람들에게 마음의 상처를 많이 받았다. 그렇지만 주님을 만나면서 유일한 희망은 오직 예수 그리스도임을 확신하였고 하나님께 기도하면서 사명을 찾았다.

비장애인도 선교하기가 쉽지 않은 것이 현실인데도 불구하고 그는 해외에서 그토록 하나님의 나라 확장을 위해 헌신하는 것을 즐겁고 행복해하며 복음을 전하고 있었다. 정해진 것도 없는 선교 현장에서 묵묵히 성령의 인도를 받으며 하나하나 일구어 가는 모습을 지켜보면서 전능하신 하나님께서 때가 되면 반드시 아름다운 선교의 열매를 가득히 맺게 해주실 것을 믿는다.

얼마 전에 초등학교 2학년 학생이 예수님을 생각하면서 썼던 글을 소개한다.

"우리 교회는 참 좋다. 내가 마음이 아플 때 하나님께 기도하면 마음이 금방 좋아진다. 예배 시간에 찬송을 부르는 것도 재미있고 신난다. 그래서 나는 알았다. 예수님이 우리를 위해 십자가에 못 박혔으니 나는 더욱 열심히 해야겠다. 그래서 나는 하루하루를 즐겁게 살아간다. 그리고 교회에 가면 갈수록 믿음과 사랑과 소망이 더 커지는 것을 알았다. 우리 교회가 없어서는 안 될 중요한 곳임을 감사하게 생각 한다."

이 글은 비록 어린 학생이 썼지만 예수님께 모든 희망을 걸고 신앙 생활하는 것을 발견하니 목회자로서 하나님께 영광을 돌리고 감사하게 생각한다.

독일의 작가 에른스트 블로흐는 "사람은 끊임없이 희망을 품는 존재"라고 하였다. 인간에게 극도의 안 좋은 상황에서도 인내와 용기를 가질 수 있게 만드는 힘은 오직 희망이다. 사람에게 희망이 있는 한 어떠한 시련에서도 기꺼이 극복할 수 있다. 따라서 희망이 없는 사람에게는 정열과 생활의 보람이 없다. 희망이 없으면 삶의 목표도 없기 때문에 일시적인 쾌락에 탐닉하여 방종과 타락을 일삼거나 절망 속에서 삶을 포기하게 된다. 이러한 삶을 반복하는 이들은 일시적으로는 기쁨을 얻을지라도 그것으로 인한 허탈감은 오래도록 지속되기 마련이다.

"소망 중에 즐거워하며 환난 중에 참으며 기도에 항상 힘쓰며"(롬 12:12)라는 말씀처럼 예수님을 중심으로 희망 속에서 삶의 고통과 절망을 기도와 믿음으로 이겨내고 육체적인 일시의 욕망을 철저하게 절제 할 때 비로소 진정한 기쁨을 얻을 수 있는 것이다. 사전에는 희망이란 "신뢰와 확신의 감정"이라고 정의한다. 이런 의미에서 희망이 종교적 성격을 내포하고 있으면 그것은 참된 신앙과 직결된다고 볼 수 있다.

하나님은 인간에게 희망을 주셨고 그 성취를 약속하셨다. 그러므로 희망은 신앙과 확신 속에서 발전해 가는 미래의 열매이다. 또한 인내와 갈망 속에서 표현되는 간절한 기대이다. 전능하신 창조주를 향한 믿음 속에서 우리는 희망을 키우고 예수 그리스도의 성경 말씀 속에서 희망의 실현을 약속 받았다. 그래서 그들은 결코 자신의 열악한 현실과 환경을 전혀 탓하지 않는다. 믿음 안에서 참된 희망을 간직한 성도는 오로지 주님이 약속하신 미래의 목표를 성취할 날을 고대한다. 우리는 그날의 열매를 위해 현실 속에서 성실히 땀을 흘려야만 한다. 그러므로 현실에서는 보이지 않지만 분명히 존재하고 있을 미래의 축복과 희망을 향해 달려가자.

새로운
피조물의 화목

구름이 하늘을 살며시 가린 아침, 아이들부터 어른에 이르기까지 가방을 둘러메고 양손 가득 들고 교회로 향했다. 서로 반갑게 인사를 나누며 웃음꽃을 피워내는 그 시간은 모두가 하나의 마음으로 이어졌다. 작은 것이라도 사람이 함께 나눌 때 그 열매는 몇 배로 늘어나는 법이다. 개인과 가정, 직장, 인간관계 속에서 지친 마음과 육신이 쉼을 통해서 회복을 이루고 더 나은 생활로 이어가려는 행복한 시간을 가졌다.

교회를 출발한지 1시간쯤 서울 외곽순환도로의 통일로 IC를 벗어나자마자 사방으로 높이 솟은 산들과 장엄한 북한산 주변의 모습들이 한 폭의 그림 같은 아름다운 자연이 우리 일행을 맞이했다. 시민들에게 볼거리를 제공하고 있는 문화의 거리를 지나자 크고 작은 돌과 바위 사이로 잔잔하게 물이 낙하하고 있는 아담하고 낮은 계곡들이 보였다.

옆자리에 앉아 있는 이들과 정답게 대화를 나누며 도착한 양주시 장흥면에 위치한 '현대 랜드'라는 휴식처, 그곳은 이미 수많은 차량으로 가득 차 있었다. 주차장에서 쉼터로 갔을 때는 가족과 이웃들과 함께 쉼을 찾아 나선 이들이 서로 웃고 장난치는 아름다운 모습들이 펼쳐졌다. 우리 일행은 한옥으로 지어진 2층에서 전교인 야유회 예배를 드리며 하나님께 영광을 돌렸다.

맑은 공기와 더불어 적당하게 태양을 가려준 고마운 구름, 그러나 추울 것 같으면 구름 사이로 태양이 살짝 고개를 내밀어 따뜻한 빛을 공급해 주었다. 많은 교우들이 갔지만 아무 사고 없이 너와 내가 예수 그리스도 안에서 새로운 피조물이 되어 나보다 타인을 먼저 배려하고 섬기는 넉넉함을 통해 즐거운 시간을 가졌다.

주님 안에 있는 자는 신분, 상태, 법적 지위를 막론하고 새로운 피조물이 된다. 비 본질을 추구하였던 이들이 본질적으로 새롭게 되어 과거의 전력이든지 죄의 경중 같은 것은 문제가 되지 않는다. 예수 그리스도는 하나님께로부터 오셨다. 우리에게 지혜와 의로움과 거룩함과 구속함이 되셨으므로 그분 안에 있는 자마다 하나님의 구원에 참여하게 되는 것이다.

예수 안에 있는 자들에게 있어서 이전 것은 모두 지나가 버렸다. 과거의 허물을 들추어 꼬집지 말자. 옛 사람도, 옛 생활도 지나갔다. 불명예스러운 전력들도 모두 지나갔다. 이제는 완전한 새사람이 된 것이다. 이제부터는 성도들이 옛 생활로 돌아가거나 옛 생활에 얽매이거나 세상과 짝하는 것과 같은 어리석음을 멀리하도록 힘써야 한다.

주님 안에 있는 성도는 하나님과 화목한 자들이다. 인간은 철학이나 과학 등을 통해서 절대적인 무엇을 찾으려 애쓴다. 그러나 인류가 하나님과 화목할 수 있는 유일한 통로는 오직 예수 그리스도뿐이다. 다른 방법으로는 전혀 불가능하다. 화목하게 하라는 말씀을 받은 그리스도인들은 힘써서 가정의 화목, 이웃과의 화목, 직장에서의 화목, 교회 안에서 성도간의 화목, 세상의 화목, 하나님과의 화목을 위해 일해야 할 것이다.

그리고 성도는 천상의 존재자들이며 하나님 나라 백성들을 가리키는 것이기 때문에 우리는 예수 그리스도 안에서 새로운 피조물이 되었다. 그렇기에 그리스도의 절대적인 은혜 안에 거할 수 있어야 한다.

포기할
수 없는 그 사랑

　　이 세상에서 최고의 가치는 사랑이다. 그 사랑은 모든 것을 이해하고 기다려 줄 수 있으며 끊임없이 베풀 수 있는 희생과 나눔의 극치라고 할 수 있다. 희망의 끈을 놓지 않고 못난 자식을 한없이 기다리며 사랑하는 부모님같이, 그 부모의 사랑을 받은 우리는 다양한 삶의 터전에서 사랑하며 사랑 받아왔다.

　　최고의 사랑은 천지를 창조하신 전능하신 하나님의 뜨거운 그 사랑을 포기하지 않고 전해준 예수 그리스도의 십자가 사랑이다. 그리고 사랑의 편지 중에 최고의 애절한 속삭임이 바로 성경이다. 성경에는 구구절절이 그 뜨거운 사랑이 흐르고 있다. "내가 너희 조상들을 애굽 땅에서 인도하여 낸 날부터 오늘까지 간절히 경계하며 끊임없이 경계하기를 너희는 내 목소리를 순종하라 하였으나(렘 11:7)." 여기에서 "경계"한다는 단어는 "권고하고 타이른다."라는 뜻을 가지고 있다.

이집트 땅을 탈출한 이스라엘 민족의 초기 역사는 가나안을 정복하고, 왕국이 왕성해 지자 하나님 앞에서 매우 교만하였고 우상을 섬기다 결국은 망하게 되는 예레미야 시대까지, 하나님께서는 인류의 역사가 계속되는 한 사랑의 끈을 절대로 놓지 못하신다. 지금도 하나님은 포기할 수 없는 최고의 가치인 그 사랑을 전하고 계신다. 우리는 끊임없이 하나님께로 돌아와 진리 가운데 살라고 권고하시며 교훈하시는 것을 깨달아야 한다.

때때로 우리는 하나님의 말씀인 성경을 읽다 보면 눈물이 난다. 지극히 존귀하시고 영화로우신 하나님께서는 벌레만도 못한 미련한 인생들 때문에 지금도 마음 아파하신다. 다른 피조물보다 사랑하시는 가슴 벅찬 그 사랑 때문에 눈시울이 붉어진다. 어떻게 바라보면 하루살이 같은 인생이 아니던가? 오늘 밤 내가 잠든 몇 분 뒤에 그 생명이 갑자기 멈출지도 모르는 불안전한 인생을 살면서도 왜 우리는 천년을 살 것처럼 갖은 욕심과 쾌락에 빠져 살고 있을까?

많은 사람들은 영생으로 초대하는 하나님의 초대장을 거부하고 던져버릴까? 안타까움에 눈물이 흐른다. 포기할 수 없는 하나님의 그 사랑은 인류를 구원하시려는 최고의 진리이다. 다시 말하면 오로지 "나"를 위해서이다. 내가 전능하신 하나님께 회개하고, 예수 그리스도의 십자가 사랑을 받아들여 그 사랑을 실천하고 사는 길 외에는 인생에게 다른 생명의 길이 없기 때문이다. 이 생명의 길을 거부하다가 영원한 불길 속에서 이를 갈면서 후회할 것인가! "풀무 불에 던져 넣으리니 거기서 울며 이를 갈리라.(마 13:50)"

오늘은 포기할 수 없는 하나님으로부터 그 사랑을 받은 우리가 예배하는 주일날이다. 거룩한 이날 어린이부터 노년에 이르기까지 신령과 진정으로 주님께 경배하자. 그러면 성령님께서 나의 심령 속에 임하셔서 우리가 세상에서 받았던 멸시와 소외 그리고 말로 다할 수 없었던 고통에서 해방시켜 주실 것이다. 나의 힘으로는 할 수 없다. 오직 십자가의 사랑을 실천하셨던 주님만이 여기에서 건져 주신다.

태어나 지금까지 나에게 사랑을 주셨던 그분들을 기억하면서 감사하자. 그리고 무엇보다도 포기할 수 없는 그 사랑을 전하기 위해 십자의 고통도 후회함 없이 불평하지 않고 묵묵히 구원의 길을 열어 놓으신 인생의 주인, 예수 그리스도께 감사하자.

악한 마귀를 대적하여 승리하자

예년보다 이른 추석이 일주일 앞으로 다가왔다. 이맘때쯤 국민들은 조상의 묘를 단장하기 위해 벌초를 하러 간다. 그리고 명절이 되면 수많은 사람들이 친인척을 만나러 고향으로 갈 것이다. 얼마나 반가운 만남인가? 하지만 그 날이 기쁘지 않는 이들도 있을 것이다.

인도네시아 반둥에서 일하고 있는 옥타비아누스 목사의 간증을 소개하고자 한다. 하루는 굉장한 귀신의 역사를 일으키고 있는 남자 무당인 소메란 브란드(Someran Brand)가 옥타비아누스 목사를 찾아왔다. 그리고는 자기와 대결하든지 아니면 전도하지 말고 이 동네에서 나가든지 둘 중에 하나를 선택하라고 요구했다. 그는 130Kg의 거구였는데 시범을 보여 주겠다면서 목사를 마당으로 데리고 나갔다.

그가 마당에서 모이를 먹고 있는 닭을 뚫어져라 쳐다보았더니 닭이 푹 쓰러져 죽었다. 다시 한 번 하겠다면서 개를 노려보니 개가 맥없이 쓰러져 죽었다. 그러고 나서 그 무당은 목사에게 말했다. "너도 저렇게 죽든지 도망가든지 선택하라." 그래서 목사는 "일주일 후에 보자."고 말한 뒤 하나님께 엎드려 일주일간 금식하며 간절히 매달렸다. "하나님은 능치 못 하심이 없으신 줄 믿습니다. 이 주의 종이 이기게 하옵소서. 예수님의 십자가 승리가 나타나게 하옵소서." 드디어 일주일이 지났다. 목사는 약속 장소로 갔다.

무당은 의기양양하게 왔다. 둘이는 서로 뚫어지게 쳐다보며 불꽃 튀는 눈싸움을 벌였다. 생명을 건 싸움이었다. 한참을 응시하던 옥타비아누스 목사가 갑자기 소리를 질렀다. "주 예수의 이름의 권세로 명하노니 악한 귀신아 떠나가라." 무당은 갑자기 죽은 사람처럼 땅바닥에 쓰러졌다. 그리고 한참 있다가 일어났다. 목사는 그의 눈에서 독기가 다 빠져 있는 것을 순간적으로 느낄 수 있었다. 그는 일어나서 말했다.

"내 옆구리에는 황금 못이 몇 개 박혀 있는 데 뽑아 주십시오." 정말 옆구리에는 금으로 만든 못이 박혀 있었다. 살 속에 깊이 박혀서 빠지지 않았다. 목사는 그 못을 붙들고 큰 소리로 외쳤다. "나사렛 예수 이름으로 명하노니 못은 빠질지어다." 기적으로 그의 몸에서 못이 서서히 빠져 나왔다. 그 후 그는 모든 것을 버리고 예수님을 영접하게 되었다.

명절이지만 예수를 믿는다고 친인척들에게 온갖 핍박을 받는 성도들이 있을 것이다. 비합리적인 일도 만날 것이고 세계관, 가치관, 종교관이 달라 원만한 소통이 안 되는 경험을 할 수도 있을 것이다. 하지만 우리는 예수 그리스도의 복음을 전하자. 그리고 어려움을 만날 때 마다 예수 이름의 권세로 반드시 승리하자.

일상생활에서 우리는 반드시 기억해야 할 것이다. 이웃, 친척, 친구, 가족, 교인들 사이에 다툼이 있을 때 그 배후에는 역사하는 더러운 마귀가 있음을 알고 대적해야 화해가 된다. 교회에서나 가정에서 다툼이나 분쟁이 일어날 때 분쟁을 조장하는 마귀를 예수 이름의 권세로 대적해서 이기자. 무엇보다도 명절을 앞두고 있는 성도들은 초대 교회처럼 가족과 친척 그리고 교회에서 싸움의 영인 악한 마귀를 대적하여 성령 충만한 믿음 생활로 승리하기를 소원한다.

어찌 그리
선하고 아름다운고

오늘 우리는 추석 명절 주일을 맞아 가족 간의 화목을 생각하게 된다. 부모의 소망은 가족들 간에, 그리고 형제들 간에 화목하게 지내는 것이지만 실제로 그렇지 못하고, 성경을 봐도 그렇지 못한 경우가 많은 것 같다.

그렇기 때문에 하나님께서는 형제가 연합하여 동거하는 것을 너무너무 기뻐하신다. 하나님께서는 그 기쁨을 다윗의 입을 통해서 "보라 형제가 연합하여 동거함이 어찌 그리 선하고 아름다운고"라고 말씀하신 것이다.

우리의 가족, 형제 관계가 하나님 보시기에 '어찌 그리 선하고 아름다운고'라는 칭찬을 받을 수 있으려면 어떻게 해야 할 것일까?

화목의 가치를 알고 서로 노력해야 한다. 가난하게 살아도 가정이 화목한 것이 풍부하면서 가족끼리 서로 다투는 것보다 낫다는 것이다.

오늘날은 모든 가족들이 힘든 사회생활을 하고 있다. 피곤에 지쳐 있다. 서로 편안함을 줄 수 있도록 노력해야 한다. 서로 배려하고 서로 양보해야 한다. 그리고 서로 감사해야 한다.

추석은 가정, 가족의 소중함을 다시 한 번 생각하는 감사의 날이다. 무엇보다 나를 낳아 주시고 길러 주신 부모님의 은혜에 감사해야 한다. 뿐만 아니라 가족 간에도 서로 감사할 줄 알아야 한다. 남편은 아내에게, 아내는 남편에게, 형제와 형제가 서로 감사해야 한다.

하나님은 형제가 연합한 공동체를 무한히 기쁘게 보시는 것이다. 하나님은 이 기쁨의 장소에서 가장 큰 복, 영생의 복을 받으라고 명령하신다.

우리는 하나님이 기뻐하시는 연합의 참 의미를 깨닫고 아름다운 공동체를 이루어 나가기를 소원해 본다.

만물의
마지막이 가까이 왔으니

우리는 단풍이 아름다운 계절 가을을 보내고 있다. 가을은 우리에게 많은 것을 가르쳐 준다. 겸손을 가르쳐 주고, 풍요의 법칙을 가르쳐 주고, 특히 개인의 종말, 역사의 종말, 우주의 종말을 가르쳐 주고 있다.

초대 교회 성도들은 날마다 주님의 재림을 고대하며 살았다. 그러나 기독교가 로마의 국교가 된 이후 세속화의 물결을 타게 되면서 재림을 기다리는 종말 신앙은 구석으로 밀리기 시작했다.

종말 신앙이 다시 부활한 것은 지금으로부터 불과 두 세기 전의 일이다. 그런데 오늘날 종말 신앙은 또 다시 천시되고 있다.

종말 신앙은 성도들의 순수하고 신앙을 정결하게 만들어 준다. 그렇기 때문에 사탄은 성도들이 종말 신앙으로 사는 것을 방해한다. 그래서 가짜 종말 신앙을 통해서 종말 신앙을 흐려 놓았다.

양치기 소년은 늑대가 나타났다고 반복해서 거짓말을 했다. 마을 사람들은 번번이 속았다. 어느 날 진짜로 늑대가 나타나서 소년이 늑대라고 소리쳤지만 아무도 그 소년의 말을 믿지 않았다.

이처럼 사탄이 반복해서 거짓 종말 예언을 만들어 세상 사람들은 말할 것도 없고 성도들까지도 종말에 대해 관심을 갖지 못하게 하는 것이다.

사탄의 미혹에 빠져 거짓 말세를 주장하고 주의 재림의 날짜를 퍼뜨리는 미혹의 무리들에 의해서 가정이 파탄 나고 세상으로부터 손가락질을 받게 되자, 정통 교회들조차 재림과 말세의 설교를 하지 않게 되어 버렸다.

이것은 사탄의 계략에 말려든 것이다. 이제부터라도 우리는 정신을 바짝 차리고 기도함으로 사탄의 계략에 속지 말고 주님께서 다시 오실 때가 가깝다는 사실을 깨닫고 종말 신앙으로 살아가야 한다.

통일은
하나님의 은혜로

　　우리 민족이 분단 된지 벌써 세대가 몇 번 바뀌었을 정도로 세월이 흘렀다. 70여년이 훨씬 지난 남북의 관계가 보다 전향적인 모습으로 발전되기를 바라는 마음은 소수의 사람들만 제외하고는 다수의 국민 모두가 다 같을 것이다. 그러나 그것이 그렇게 쉽지가 않다. "한국의 통일이 멀리 있지 않고 가까이 왔다."라는 평가를 하는 국외 전문가들이 있다. 미국에서 능력 있는 하나님의 종 다섯 분의 말을 『Charisma』라는 잡지가 전했다.

　　"앞으로 대한민국의 통일은 엄청난 turmoil(혼란, 소동)을 겪은 후에야 온다." 물론 우리가 온전하게 받아들이기에는 한계가 있는 것이지만 현재도 앞으로 우리나라가 겪게 되는 수많은 고통도 외면하지 말고 눈앞에 다가오는 평화통일을 바라보며 정부와 국민 모두가 하나가 되어 작금에 한국 교회와 국민을 혼란에 빠뜨리려는 잘못된 정보에 현혹되지 말고 이 혼란을 잘 견디어 낼 수 있기를 희망한다.

인류가 죄악으로 타락된 이 세상에 구원하실 수 있는 분은 오직 예수 그리스도뿐이다. 또한 나라와 민족이 하나 될 수 있는 유일할 길도 예수의 은혜로만 가능하다. 하나님의 도우심이 있어야 할 것이다. 개인의 영혼이 구원 받을 수 있는 것은 전적으로 하나님의 은혜임을 우리는 잘 알고 있다. 그래서 신약 성경에서는 다음과 같이 말한다. "우리는 그들이 우리와 동일하게 주 예수의 은혜로 구원받는 줄을 믿노라."(행 15:11)고 했다. '구원'의 사전적인 의미는 '도와서 건져 준다.'라는 뜻을 가지고 있다.

1세기 초대 교회 교인들의 믿는 자의 덕스러운 삶을 위해 부적절한 생활과 먹는 음식의 정결함을 새삼 부탁했다. 특히 우상에 바쳐진 제물과 피 채로 먹는 음식을 자제해 달라는 부탁이다. 이것은 지금 우리의 현실의 세계에도 그대로 적용된다. 담배, 마약, 술, 도박, 사치함, 문란한 생활 등이 그렇다.

하나님의 전적인 은혜로 구원 받은 그리스도인들이 세상의 많은 사람에게 덕을 끼치는 믿음의 생활을 해야 한다. 그리고 예수의 향기가 나는 우리 믿음의 목표에 다가 가려면 인간적으로 아쉬움이 있어도 우리는 그것부터 철저히 끊어야 한다. 나를 구원하기 위해 죄악 많은 이 세상에 오셔서 생명까지 버리신 예수님의 은혜에 깊이 감사하여야 하겠다. 나라와 민족의 통일을 위해 기도하고 그 은혜의 능력을 힘입어 그릇되고 나쁜 것들을 결단코 거부해야 할 것이다.

인간이 지은 죄로 인해서는 천국에 갈 수 없다. 영생을 얻을 수 없고, 도저히 의인의 자리에 설 수 없다. 하지만 하나님께서는 단번에 새로운 신분이 되게 하는 놀라운 힘을 우리에게 주셨다. 그것은 "예수의 은혜"뿐이다. 오직 예수, 오직 은혜, 오직 믿음의 힘으로만 죄인 된 사람이 구원을 받게 되는 것이다.

2014 인천 아시안 게임이 성황리에 마쳤다. 특히 폐막식에는 북한의 최고위급 세 명이 다녀가서 그 어느 때보다 화해의 물결이 급속히 올 것으로 국민들은 기대했다. 하지만 북한의 잘못된 판단으로 NLL을 침범한 북한의 경비정 때문에 남북의 군대 간에 포격전이 발생하였다. 얼마간 시간이 흐른 뒤에는 연천군 모 지역에서 탈북자 민간단체가 북한으로 전단지를 보내는 과정에서 남북한 간에 총격으로 민간지역에 위기의 순간이 이어졌다.

우리 민족이 통일을 위해서는 엄청난 혼란과 소동을 겪어야 하는 과제가 남았나보다. 그러나 반드시 생각하고 있어야 하는 것은 남과 북은 절대 "복음으로만 통일"되어야 한다는 사실을 잊어서는 안 될 것이다. 그 어떤 무력이나 불합리적인 방법으로는 안 된다. 그래서 우리 그리스도인들은 하나님께서 평화통일, 복음통일을 주관해 주시도록 매일 매일 기도해야 할 것이다. 하나님의 계획과 섭리 속에서 남과 북이 하나가 되는 그날은 예수의 은혜로 된다는 사실을 기억하며 한국 교회는 이를 위하여 힘써 기도할 수 있기를 간절히 소원한다.

감사한 추석, 행복한 시간

할렐루야!

9월 첫 번째 주일입니다.

이른 추석이라 하지만

가을은 가을인걸요.

풍년을 약속하는 열매에

햇살이 예쁜 초가을입니다.

가을 파란 하늘은 하나님이 창조한 그 자체입니다.

민족의 명절인

추석이 금주로 예정 되어 있고

지난 토요일부터 긴 연휴가 시작되었습니다.

우리 성도들은 가정에서

추석 명절 예배를 드릴 수 있기를

간절히 바랍니다.

모처럼 가족 친척들과 둘러앉아

하나님께 찬양과 기도로 예배드리고

오손도손 이야기꽃을 피우면서

몸과 마음이 더 풍성한 추석 명절 보내시기를

기도드립니다.

하나님이
주시는 희망과 미래

우리는 새로운 희망을 품고 한해를 힘차게 시작했다. 그렇지만 지난 4월 세월호 사건이 터진 후부터는 대한민국 모든 사람들은 크나큰 슬픔과 절망의 나락에 빠져들었다.

온 나라가 갑자기 불어 닥친 재앙에 속수무책 상태로 노출되어 있는 우리의 모습을 절실히 느꼈다. 그뿐 아니라, 크고 작은 부정부패와 이기주의가 우리 사회의 곳곳에 스며들어 있다. 그 죄악을 어떻게 벗어나야 하는지 길이 보이지 않는다.

우리나라뿐 아니라 하나님이 선택하신 이스라엘 민족 역시 참담한 죄악이 극심했었다. 그래서 그들은 하나님의 징계를 받았다. 바벨론제국에 의해 전쟁포로로 많은 유다 백성들이 끌려

갔다. 그러한 심각한 상황에서도 하나님께서는 예언자를 통해서 "희망"을 선포하셨다. 2014년에 들어와 그 어느 해보다도 절망에 빠진 이 나라 백성들, 개인과 가정 그리고 우리 사회는 하나님께서 선포하시는 "희망"을 붙잡아야만 할 것이다.

하나님께서는 한국 교회의 성도들을 위해 희망찬 미래를 준비하셨다. "여호와의 말씀이니라. 너희를 향한 나의 생각을 내가 아나니 평안이요, 재앙이 아니니라. 너희에게 미래와 희망을 주는 것이니라."(렘 29:11)고 분명히 말씀하신다. 머나먼 타국에 전쟁 포로로 끌려간 백성들에게 하나님의 예언자 예레미야의 놀라운 편지가 전달되었다. 그것은 미래에 희망이 가득한 하나님의 메시지이었다. 하나님께서는 "너희를 향한 나의 생각"을 알려주시겠다고 말씀하신다.

한국 교회 성도들과 이 땅의 많은 가정과 대한민국을 향한 하나님의 생각과 계획은 민족과 사회에 재앙으로 끝나는 것이 절대 아니라 평안을 주는 것이다. 하나님께서는 평안을 넘어 미래와 희망을 주시려는 것이다. 죄악이 가득하여 범죄 한 백성들은 하나님께 철저하게 심판을 받으며 매를 맞는 고생을 하기도 하지만 이 환난은 하나님의 사랑의 매요, 못난 나를 보다 더 온전하게 만들려는 연단임을 알아야 할 것이다.

우리가 살아가는 불안전한 세상에서 항상 사랑의 눈빛으로 나와 너 그리고 우리를 바라보시는 하나님께서는 우리의 심령 속에 분명히 속삭이고 계신다. "나는 너를 위해 항상 평안과 희망찬 미래를 준비하고 있다." 따라서 우리는 어떠한 어려운 환경에 처해 있든지, 나의 삶이 얼마나 허물어져 있든지 전혀 상관이 없다. 개인과 가정, 국가에 도저히 내일이 보이지 않는 육체적, 심리적, 경제적 파탄이나 질병이 짓눌러 와도 절대 상관이 없다.

하나님은 분명히 "내 계획은 너에게 희망을 주는 것"이라고 말씀하셨으니 한국 교회 성도들은 이 말씀을 믿음으로 받아 "아멘"으로 화답을 하면 미래와 희망은 나의 것임을 알아야 할 것이다. 예수 그리스도를 절대 신뢰하고 믿는다면 그 어떤 상황에서도 "희망"은 반드시 열린다.

하나님이 주시고자 하는 희망과 미래에 적극적으로 참여하자. 이 사회와 국가, 한국 교회에 스며들어 있는 쓴 뿌리를 뽑아내자. 그리고 회개하자. 천하보다도 더 귀한 한 영혼을 끌어안고 섬기자. 그렇게 한다면 한국 교회는 희망찬 미래가 있을 것이다.

기도의
사람

이 세상에서 사람이 할 수 있는 것보다 그렇지 못한 것이 더 많다. 그래서 우리는 실망하고 때로는 낙심한다. 그렇지만 하나님께서는 그리스도인들에게 미래를 위해 기도할 것을 권면하고 계신다. 구약 성경에 보면 "너희가 내게 부르짖으며 내게 와서 기도하면, 내가 너희들의 기도를 들을 것이요."(렘 29:12)라고 말씀 했듯이 우리 주변에 수많은 장애물을 만나도 그리스도인들은 기도해야만 할 것이다.

민는 사람들의 삶 속에 있어 위기의 순간에도 하나님은 사랑이 많으셔서 우리에게 살아가는 동안 풍성하게 주셨다. 물론 하나님께서 나를 위한 깜짝 놀라만한 미래를 준비하셨다 해도 그 미래가 나의 것이 되기 위해서는 기도의 사람이 되어야 한다고 말씀하신다. 그러기 위해서 부르짖어 기도해야 한다는 것이다.

"주님! 그 아름다운 미래가 이루어질 수 있도록 나를 도와주세요. 나의 삶에서 풍성한 열매를 보고 싶습니다."라고 하나님께 간절한 마음을 품은 기도를 드려야만 한다. 오직 하나님만이 우리 인생의 모든 문제를 해결할 능력이 있다고 간절히 믿는 사람만이 끈질긴 기도를 할 수 있는 것이다.

신약 성경에서는 "하나님께서 그 밤낮 부르짖는 택하신 자들의 원한을 풀어주지 아니하시겠느냐" 그들에게 오래 참으시겠느냐… 속히 그 원한을 풀어주시리라. 그러나 인자가 올 때에 세상에서 믿음을 보겠느냐(눅 18:7, 8)라고 말씀하신 것처럼, 개인과 가정, 교회, 직장, 사업의 모든 문제를 하나님 앞에 철저히 내려놓고 하나님께 부르짖어 기도해야만 한다.

우리는 하나님께 뜨겁고 끈질기게 기도하여 우리 가정에, 내 인생에, 우리나라와 세계 도처에 기적이 일어나는 것을 체험하자. 전심으로 하나님께 구할 때 내 것이 된다. 구약 성경은 "너희가 온 마음으로 나를 구하면 나를 찾을 것이요, 나를 만나리라."(렘 29:13)라고 했다. '온 마음으로' 하는 일은 "내 생각과 마음과 성품과 내 힘"을 다해 하는 것을 의미한다. 다시 말하면 나의 힘을 다해 하나님의 진리에 순종하는 것이고 최선을 다해 하나님을 사랑하며 이웃을 사랑하는 것이다.

그러므로 기도하는 사람은 이 세상에서 지극히 작은 사람, 보잘 것 없는 이에게도 진정한 사랑으로 다가가야 한다는 것을 잊지 말아야 한다. 공동체에서는 불의를 버리고, 거짓과 미움과 교만, 이기적 욕심, 게으름도 버리고 어려운 사람을 도울 수 있도록 열심히 일하는 것이다. 따라서 우리 모두가 간절한 기도와 하나님의 진리대로 순종하는 삶을 통해 놀라운 영적인 성공을 거둘 수 있기를 바란다.

풍성한
열매

과일나무는 풍성한 열매를 맺는다. 가을에 열매를 수확하는 과실수가 많이 있다. 그 중에 어린 시절부터 지금까지 머릿속에 늘 맴도는 과실수는 대추나무이다.

가섭 산은 1950년 6.25 한국전쟁에서 북한군이 가차 없이 남쪽으로 내려오던 길목이었다. 당시 동락초등학교에 재직했던 김재옥 교사는 괴뢰군이 학교 운동장에 주둔하고 있다는 사실을 가섭 산 고지에 있었던 한국군에게 알려 북한군을 격퇴했던 위대한 승리를 안겨준 「동락전승비」가 있는 곳이다. 바로 그 가섭 산자락에 상촌(桑村)이라는 마을이 있었다. 필자는 바로 그곳에서 자랐다.

집 담벼락을 중심으로 대문 안팎에는 30여년 된 큰 대추나무가 여러 개 있었다. 일 년에 한 번 수확하는 과실수이지만 그 시절에 심심하면 나무에 올라 놀기도 하였다. 그곳에서 내려다보면 저 멀리 큰 길에 시내버스가 오고가는 장면, 마을 어귀 각종 아름다운 광경들을 내려다 볼 수 있었다.

6월이 되면 대추나무에 연한 황록색 꽃이 핀다. 자세히 살펴보면 잎을 중심으로 꽃받침 조각, 꽃잎, 수술은 5~6개나 되고 암술이 한 개 있다. 가시가 있는 대추나무는 마디마디에 가시가 뭉쳐서 자란다. 잎은 타원형의 모양을 가지고 있으며 3-4개의 잎맥이 보인다. 연한 초록색을 이룬 앞면은 다소 광택을 발한다. 대추나무의 열매는 타원형으로 표면은 적갈색을 이루고 코팅을 한 것처럼 윤이 난다. 열매는 9월이 되면 따서 그냥 먹거나 요리에 이용되곤 한다. 어떤 나무보다 대추나무는 열매가 많이 열리는 특징이 있다.

2014년 9월 마지막 주일을 맞이하는 우리는 대추나무 열매처럼 얼마나 풍성한 영적인 과실을 맺었는지 돌아보아야 한다. 우리 앞에 마지막 시간이 도래하고 있다. 마지막 심판의 때가 오는 것이다. 하나님은 우리에게 영적인 음성을 들려주신다. "너희는 애곡하라! 하나님의 심판의 날이 이르렀으니 여호와께 부르짖어라…" 때를 얻든지 못 얻든지 전도를 통하여 죽어가는 영혼을 구원하여 심판의 자리에서 벗어나야만 한다.

"포도나무가 시들었고 무화가 나무가 말랐으며 석류나무
와 대추나무와 사과나무와 밭의 모든 나무가 다 시들었으
니 이러므로 사람의 즐거움이 말랐도다"(욜 1:12).

한 사람이 한 영혼을 주님께로 인도하는 "2배 부흥전도축제"
를 위해 우리는 지금까지 태신자를 가슴에 품고 기도하며 그
영혼들을 섬기어 왔다. 그날을 기대하며 한 주간 더욱 기도하
며 성령의 기름 부으심을 위해 주님의 은혜를 간구하자. 그렇
지 않으면 요엘서에서 말씀하신 것처럼 우리의 밭은 심히 마름
으로 인해 심령의 즐거움이 마르는 아픔을 겪게 될 것이기 때
문이다.

가을에 추수할 때에 수확이 풍성한 것처럼, 하나님이 밭을
가꾸도록 허락해 주시고 그 전도의 사명을 주셨기에 어린 아이
부터 어른에 이르기까지 한 사람도 빠짐없이 천하보다도 귀한
한 영혼을 품고 섬기자. 그래서 풍성한 영적인 대추나무 열매
를 드려 하나님께 영광을 돌리자.

Part 4

기다리는 겨울

우리 삶은 기다림의 연속이다.
기다림의 마지막은 예수님의 다시 오신다.
우리가 예수님의 다시오심을 기다리는 이유는
예수님이 우리의 구주요 신랑이시기 때문이다.

온 세계를
복음으로 변화 시키는 꿈

가을 하늘, 서울역 주변에는 많은 비가 내리고 있다. 청파동 언덕을 바라보며 청파중앙교회(담임 김항우)가 있는 추억의 장소로 발길을 옮겼다. 이곳은 과거 안양대학교 신학대학원에서 신학을 공부하던 뜻 깊은 선지동산이다. 하나님을 향한 뜨거운 믿음과 열정을 품고 낮과 밤을 복음전파와 향학열로 가득 찼던 곳, 어머니 품과 같은 곳이다.

졸업 후 오랜만에 서울역 뒤 청파동 언덕길을 걸었다. 그곳에는 현대식 건물로 새롭게 단장한 교회가 눈에 들어왔다. 청파중앙교회 안내 위원들의 따스한 안내를 받으며 휴게실로 들어갔다. 이곳에 대한신학교 교장을 역임한 이의완 목사님(92세)을

뵙기 위해 오게 되었다. 논문에 쓸 1970년 당시, 교지 「생수」에서 김치선 목사, 김세창 목사, 이의완 목사, 최순직 목사, 김상묵 목사, 김준삼 목사 등의 이름을 볼 수 있었다.

바로 44년 전, 대한신학교 학장이셨던 이의완 목사를 세월이 흐른 2014년 오늘, 이 시점에 직접 눈으로 볼 수 있다는 것은 역사 신학을 공부하는 이로써 너무나 가슴 벅찬 순간이다. 그래서 이의완 목사가 대한신학교 학장으로 시무할 때 섰던 글들을 생각하면서 함께 기쁨을 나누고자 한다.

"꿈을 키운다."라는 1974년 생수 제 4집에서는 이의완 목사가 "본교는 개혁주의 신앙노선을 가지고 착실히 전진하고 있는 마당에서 우리에게 도전하는 현실의 엉겅퀴와 암석도 기꺼이 제거하며 나가는 대신인(大神人)들의 긍지를 자랑스럽게 생각한다."라고 하였다. 그렇다 대신교단은 자랑스러운 교단이다. 자생적으로 생성된 교단이므로 현실의 어려운 시기를 지혜롭게 견뎌낼 수 있는 능력이 충분히 있다.

아울러 이의완 목사는 "젊은 학도에게는 꿈이 있고 이상이 있다. 더욱이 그리스도 안에서 비전을 가지고 원대한 포부의 실현을 바라는 것은 신학도라면 누구나가 무조건 공명하는 순화된 감정일 것이다. 그러나 망각해서는 안 될 선재 조건은 현실을 외면한 우연적인 결실은 있을 수 없으며 웅장한 건물이 이룩되기까지는 튼튼한 기초 공사가 선재했었다는 것을 망각해서는 안 될 것이다."라고 했다.

지금까지 대신교단이 형성되고 발전된 것은 이의완 목사가 언급했던 것처럼 절대 우연이 아닌 것이다. 선배 목회자들이 기도와 개척, 선교를 우선으로 하는 튼튼한 기초 공사가 있었음을 감사하게 생각해야 한다. 우리 교단 일부에서 언제부터인가 안 된다는 패배의식에 사로잡혀 있다. 그것에서부터 벗어나야만 할 것이다.

이를 위해 40년 전에 이의완 목사는 이렇게 역설했다. "우리는 온 세계를 복음으로 변화시키는 꿈을 키워 나가야 한다. 그러나 그 꿈을 실현할 수 있는 길은 현실일보에서 출발한다. 어려움을 극복하고 노력한 결과는 분명히 세계를 향한 내일의 밑거름이 되리라 믿는다."라고 했다.

온 세계를 복음으로 변화 시키는 꿈 그것은 대신교단을 설립한 김치선 목사도 외치던 것이었고 이어 이의완 목사도 동일하게 신학도들에게 채플을 통해 또한 「생수」에서 글을 통하여 심어주었던 것이다. 우리 모두 관심과 배려 그리고 사랑으로 품자. 비록 더딘 발걸음이지만 한 걸음 한 걸음 걸어가자. 인간적인 욕심을 내려놓고 순수한 복음의 능력으로 대신의 꿈을 펼쳐 나아가자.

초 대

우리는 다양한 잔치에 사람들을 초청하고 초대 받는다. 그곳에서 축하해 주고 기쁨을 나누고 함께 하는 즐거움을 마음껏 표현한다. 하지만 성경에 보면 모처럼 준비한 큰 잔치에 현재 우리의 시각에 이해하기 어려운 집 주인의 손님 초대 방법이 등장한다.

누가복음 14:15-24에 기록된 말씀에서 큰 잔치 비유는 우리가 예수님을 믿는 것이 소중하고 큰 복이기에 "강권하여 데려올 것"을 역설하고 있다. 이 말은 그 사랑의 깊이를 깨닫지 못하는 사람들을 향하는 하나님의 뜨거운 사랑을 엿볼 수 있다.

구체적으로 그 말씀을 살펴보면 "주인이 종에게 이르되 길과

산울타리로 나가서 사람을 강권하여 데려다가 내 집을 채우라." 여기에서 "강권하여"는 "억지로 권하여" 잔치 손님을 채운다는 의미를 담고 있다. 따라서 이 잔치가 얼마나 소중하고 훌륭한 잔치인가를 단적으로 말해주고 있다. 아울러 이 땅의 수많은 인간들은 반드시 이 큰 잔치에 함께해야만 한다는 하나님의 강한 의지와 사랑을 말해 주고 있는 것이다.

전능하신 하나님은 독생자 예수 그리스도를 죄악이 가득한 이 세상에 보내셨다. 택한 백성들은 구세주 예수님을 믿음으로 살아간다. 그래서 우리 인간들이 누리는 복은 완전한 것이다. 하지만 이 소중한 복을 누리지 못하는 우리 주위에 많은 사람들은 그 어떠한 것으로도 그 마음의 허전함을 채울 수는 없다.

우리가 믿고 따르는 예수님을 통한 축복은 인생의 근본문제인 죄로 인한 죽음을 단번에 영원한 생명으로 대신하는 십자가의 보혈의 은총이다. 그래서 그 은혜는 우리를 영원한 진리 가운데로 날마다 승리하게 하는 삶이기 때문에 특별한 축복이다. 우리가 살아가는 어떤 상황에서도 참된 평안과 기쁨과 사랑이 샘솟듯 한다. 따라서 예수 그리스도 복음의 잔치는 누구나 맛보아야만 하는 것이다.

하나님이 주신 이 큰 잔치의 맛을 모르고 일평생을 살아간다면 비록 겉은 화려할지는 모르지만 그 삶 자체는 저주 받은 삶이 되는 것이다. 따라서 성경에서는 복음의 잔치를 소중하고 극찬하는 것을 볼 수 있다. "만군의 여호와께서 이 산에서 만민을 위하여 기름진 것과 오래 저장하였던 포도주로 연회를 베푸시리니 …"(사 25:6), "내가 온 것은 양으로 생명을 얻게 하고 더 풍성히 얻게 하려는 것이라."(요 10:10)고 하였다.

하지만 안타깝게도 어찌된 일인지 옛날이나 지금이나 사람들은 이 축복의 복음 잔치에 관심이 별로 없다. 그들의 관심사는 세상적인 일 뿐이다. 물질을 얻는 것, 세상에서 향락을 즐기는 것, 명예와 권세를 얻고 출세하는 것 등등이 그들을 장악하여 사로잡고 있다.

하나님은 십자가의 그 뜨거운 사랑 때문에 우리 모든 성도들을 억지로 붙들어서라도 예수를 믿게 만드시는 것임을 감사하게 생각해야 된다. 인간적인 예의를 다 갖추면 "예수 믿고 천국 갑시다!"라는 말도 못한다. 죄악에서 나를 구원하신 그 사랑을 나의 가슴에 품고 이웃과 지인들에게 "강권하는" 사랑의 용기라도 가지고 오직 예수, 오직 복음을 담대히 전하자.

성령과
함께하는 전도 축제

성도들과 함께 2014년을 지나오면서 무엇보다 중요하게 생각했던 것이 있다. 그것은 한 사람이 한 영혼을 주님께로 인도하고자 하는 영혼을 사랑하는 성도가 되는 것이다. 성숙한 성도가 되기 위해서는 꾸준히 기도하고 예배에 집중하여 하나님의 말씀을 듣고 순종하며 삼위일체 하나님께 찬양한다. 이러한 성도가 될 때에 주님이 기뻐하실 것이다. 이렇게 성숙한 성도가 반드시 해야 되는 것이 영혼을 사랑하여 주님께로 인도하는 전도의 삶을 지속하는 것이다.

그와 같은 신앙생활을 지속하기 위해 우리 교회에서는 '바람 바람 성령 바람 전도 축제'를 개최하였다. 우리 교회 가족들뿐만 아니라, 지역에 있는 교회 특히 서울, 인천, 시흥, 김포를 비롯해 최북단의 판문점 교회 박봉진 목사에 이르기까지 다양한 지역에서 전도 축제에 동참하였다. 성령께서는 성령의 바람, 전도의 바람, 기도의 바람, 말씀의 바람이 참여한 모든 성도들에게 구체적, 실제적, 그리고 다양한 방법으로 성령께서는 역사하셨다.

한국 교회에서 전도 축제의 중심에 서 있는 훌륭한 강사들이 다녀간 후에 우리 교회에서는 한 주간 동안 저녁 9시에 모여 기도하고 팀을 이뤄 교회를 중심으로 나가 전도를 하였다. 낮에 직장에서 힘써 일해서 힘든 몸과 마음을 추스르고 밤에 교회에 모여 기도하고 전도를 한다는 것은 쉬운 것이 아니다. 그렇지만 성령의 바람이 우리 교회에 역사하심으로 성도들의 얼굴에서 밝은 표정들이 나타났고 마음속에서 우러나오는 하늘의 기쁨을 맛보고 전도의 신앙생활을 하고 있음을 하나님께 감사를 드린다.

제 1차 전도 축제를 위한 준비 기도와 밤 전도 일 주일간을 기점으로 해서 금주부터는 한 달 여 동안 집중적으로 관계 전도를 통한 전도 축제를 벌여 온 성도들이 참여하는 낮 10시와 오후 3시, 밤 9시 전도를 시행하고자 한다. 지금까지 성령 하나님께서 역사하심을 체험한 우리는 분명히 성령의 나타나심을

믿는다. 주님 안에서 사랑하는 우리 교회 성도와 한국 교회 성
도들이여, 이제 우리는 예수께서 명령하신 땅 끝까지 복음을
전하라는 말씀에 순종하여 전도자의 사명을 감당해 보자.

사도 바울은 고린도교회에 다음과 같이 말했다. "형제들아
내가 너희에게 나아가 하나님의 증거를 전할 때에 말과 지혜의
아름다운 것으로 아니하였나니 내가 너희 중에서 예수 그리스도
와 그가 십자가에 못 박히신 것 외에는 아무 것도 알지 아니하기
로 작정하였음이라 내가 너희 가운데 거할 때에 약하고 두려워
하고 심히 떨었노라 내 말과 내 전도함이 설득력 있는 지혜의 말
로 하지 아니하고 다만 성령의 나타나심과 능력으로 하여 너희
믿음이 사람의 지혜에 있지 아니하고 다만 하나님의 능력에 있
게 하려 하였노라."(고전 2:1-5)고 분명히 말했다. 그렇다. 우리
교회가 한 달여 동안 실시하는 전도 축제는 나의 유창한 말과
세상의 지혜로 하는 것이 아니다. 오직 성령 하나님의 나타나
심과 능력으로 하는 것이다. 우리는 그 사역에 동참하고 순종
할 때에 우리 교회에 반드시 전무후무한 하나님이 불러 쓰시는
전도자, 나와 한국 교회에 귀하게 전도의 사명을 감당하는 일
꾼들이 나올 줄로 믿는다.

한국 교회는 요즈음 다양한 모습으로 몸살을 앓고 있다. 목
회자와 성도들이 본질을 벗어난 것에 정열을 쏟는 것 때문에

하나 되지 못하고 사분오열 되어지는 안타까운 현실 가운데 있다. 지역 교회는 때를 얻든지 못 얻든지 간에 하나님이 원하시는 영혼 구원을 하는 것에 온 힘을 하나로 집중하여 발휘하여 보자. 그렇게 한다면 반드시 주님이 도와주시고 이끌어 주실 줄로 확실히 믿는다.

성숙한 성도가 되기를 바란다면, 교회는 전도 축제에 기도로, 물질로, 예배로 참여하는 능동적인 자세를 가지고 혹시 모를 전도축제 기간 어려움이 생긴다면 서로 격려하고 힘을 낼 수 있도록 주님 안에서 한 가족으로써 함께 하자. 전도자의 길을 걷는 모든 성도들에게 예수 그리스도의 이름으로 승리하길 기원한다.

바람 바람
성령 바람 전도
축제 눈길

성도들에게 전도 사명감과 자신감 일깨워

최 선 목사 "결실의 계절을 맞아 영혼구원 전도축제 마련"

- 장경동·주성민·이상철·안도엽 목사 등 유명 강사와 전도 전문가 나서 -

바람 바람 성령 바람 전도 축제를 통한 뜨거운 전도의 불길이 부천 심곡제일교회(최 선 목사)에서도 타올랐다.

제 630회를 맞이한 바람 바람 성령바람 전도 축제는 26일부터 29일까지 장경동 목사, 주성민 목사, 안도엽 목사, 이상철 목사, 박병선 집사 등 교계에 유명한 강사들과 전도 전문가들을 통해 전도에 대한 사명감을 다시 한 번 새롭게 일깨우는 시간을 가졌다.

참석한 성도들은 전도를 할 수 있다는 자신감과 전도 전문가들의 노하우를 통해 실제적인 전도 방법을 배우는 시간이 됐다. 특히 전도에 대한 뜨거운 열정의 불을 이어가기 위해 전도 대상자들을 작정하고 지속적으로 기도하며 한 생명이라도 더욱 살리기 위한 삶을 다짐했다.

웃음 전도 왕 장경동 목사는 '사람 낚는 어부가 되자.'라는 주제로 성도들에게 성경에 나와 있는 양과 이리, 염소에 대한 비유를 풀어내며 긍정적인 언어를 통해 우선적으로 우리 자신부터 변화되자고 강조했다.

또한 "전도라는 것은 죽음의 영을 생명의 영으로 바꿔주는 것"이라며 "성도들이 삶속에서 먼저 성령 충만으로 생명을 전하는 삶을 살아야 한다."라고 전했다.

이어 "믿음에서 떠난 사람들이 귀신의 미혹을 받아 양심에 화인이 맞아 외식하고 거짓말을 하게 되어 있다고 성경에 나와 있다."라면서 "믿었던 사람들이 올바르게 신앙을 가질 수 있도록 우리가 그들을 인도하자."라고 말했다.

이번 심곡제일교회 전도 축제는 기적 전도 왕 안도엽 목사의 집회를 시작으로, 미용실 전도 왕 김복희 목사, 사업가 전도 왕 박재옥 집사, 능력 전도 왕 이상철 목사, 작은 교회 살리기 서학복 목사의 특별 간증의 시간이 이어졌다.

최 선 목사는 "풍성한 결실의 계절을 맞아 영혼 구원을 위한 전도 축제를 마련했다."라면서 "다시금 전도의 열정을 불어넣는 귀중한 은혜의 시간이 되었다."라고 전했다.

이어 "말씀을 통해 우리가 먼저 성령 충만해야 다른 사람을 살릴 수 있다."라며 "간증 및 말씀 시간을 통해 받은 도전을 마음으로 결단하여 성령 충만, 은사 충만, 전도에 강력한 사명이 불타올라 주님이 명하신 복음을 앞으로도 지속적으로 전파할 것"이라고 말했다.

또한 "이 축제를 하게 된 것은 어두워진 이 시대에 한 줄기 빛과 소금의 역할을 회복하여 부천 지역에서부터 작은 전도의 불씨가 일으켜지길 바라는 심정으로 준비했다."라면서 "이번 전도 축제를 잘 마무리 하게 하신 하나님께 모든 영광을 돌려드린다."라고 밝혔다.

심곡제일교회는 말씀과 성령이 이끄시는 거룩한 공동체라는 표어를 오직 예수, 오직 복음, 오직 교회, 오직 하나님의 나라를 향해 나아가는 교회다.

특히 사도행전 29장을 꿈꾸고 세우는 교회로 세상과 교회와 사람을 구원하는 하나님의 역사를 이루기 위한 비전을 가지고 있는 교회다.

- CDN 유현우 기자 -

배려의
기술

도로를 달리다 보면, 앞 차를 추월해야 하는 경우가 있다. 어떤 사람은 조금 속도를 늦춰 먼저 지니도록 양보해 준다. 그런데 어떤 사람은 급가속을 해서 끼어들지 못하게 한다. 그러다가 사고가 나기도 하고 싸움이 나기도 한다.

영어에 'After You'라는 말이 있다. '당신 먼저'는 선진국의 배려 문화이다. 우리나라에서는 번쩍 하는 상향등의 의미가 '나 먼저'이다. 내가 먼저 갈 테니 가만히 있으라는 경고이다. 그러나 영국에서는 반대로 '당신 먼저'라는 뜻이다. 내가 양보할 테니 안심하고 먼저 오라는 신호이다.

우리도 과거에는 '형님 먼저, 아우 먼저'하며 살았다. 그러나 자본주의가 들어오고 경쟁이 심화되면서 양보는 몰락했고, 배려는 바보짓이며, 나눔은 가난이라고 생각하게 되었다. 이웃에 대한 배려가 부족하다보니 요즘 공동 주택의 층간소음 문제로 살인 사건까지 벌어지고 있다.

지금 우리는 서로 양보하고, 존중하고, 배려하는 미덕이 절실히 필요한 시대를 살고 있다. 양보하고 배려하는 마음은 세상을 진정으로 아름답고 풍요롭게 만든다.

높은 자들은 낮은 자들을 배려하고, 가진 자들이 없는 자들을 배려하고, 강한 자들이 약한 자들을 배려할 수 있다면 이 나라가 얼마나 살기 좋은 나라, 행복한 나라가 되겠는가?

우리 모두에게 배려가 필요하다. 서로 상대방을 배려해야 하고, 배려를 받아야 한다. 예수님을 통해 배려의 기술을 배워 사랑이 넘치는 따뜻한 삶을 살아가기를 희망해 본다.

겨울을
녹이는 하나님의 사랑

나의 고향의 겨울은 참 춥다. 한반도의 중심이고 내륙인데다 높은 산들이 둘러싸고 있어 다른 지역보다 눈이 많이 온다. 그래서 어느 때인가는 어른 허리만큼 눈이 쌓인 적도 있었다. 충주(忠州)는 우리나라 중심지역이라 하여 중원(中原)이라 칭했고, 이곳에는 중앙탑이 있다. 역사적으로 고구려, 신라, 백제 모두에게 통치를 받아 겨울과 같은 아픔을 겪고 살아온 곳이다.

고향의 겨울은 찬바람이 뼛속에 닿을 정도로 추워 집 밖을 나가기가 무서울 정도였다. 그래도 참새들은 구멍 뚫린 돌담 위에 올려놓은 곡식들을 먹겠다며 부산스럽다. 초가지붕 처마

밑에는 참새들이 집을 만들어 놓고 들녘에서 각종 먹이를 저장해 놓는다.

이렇듯 토실토실하게 살이 오른 참새 가족들은 행복한 하루하루를 즐긴다. 산에서 베어온 마른 나무 가지들을 정리하여 아궁이에 불을 때면 안방과 사랑방에는 따뜻한 온기가 젖어든다. 불타고 남은 숯불에 동생들과 함께 고구마 몇 개를 묻어두었다가 어느 정도 시간이 흐른 다음 꺼내면 거무스름한 껍질 속에 달콤한 향이 가득한 노란 고구마를 맛나게 먹곤 했다.

바로 그 시절, 약 두 시간쯤 되는 거리를 걸어야하는 시골 교회에서 은혜를 받고 하나님의 사랑을 체험하며 신앙생활 하였다. 지금도 그 교회는 수많은 영혼들이 안식을 누리며 주님의 사랑이 깃든 복음의 터가 되어 세월이 지나면서 더 많이 확장되었다.

천지만물을 창조하실 때나 타락한 인간의 역사가 흐르던 구약의 백성들과 언약의 백성들의 신앙 속에서도 하나님은 여전히 함께 계셨다. 메시야가 구약에 예언되었고 때가 되어 말씀이 육신이 되어 예수 그리스도가 이 땅에 오신 초림을 우리는 성탄절이라 한다.

예수 그리스도는 구약이나 신약 아니 21세기를 살고 있는 현재의 순간에도 동일하신 분이다. 소망과 평화와 사랑 그리고 기쁨을 인류에게 전하려는 하나님의 깊은 섭리를 우리 그리스도인들은 잘 알고 있다. 냉랭한 한반도의 겨울에도 평화를 주시려는 주님의 뜻을 대한민국 국민들은 감사히 받아 드려야 한다. 어수선한 시대의 흐름 속에 어둠의 세력들을 단호히 배격하고 한국 교회는 하나님이 선택한 마지막 한 영혼까지 구원을 이루기 위해 기도하며 전도에 매진하여야 할 것이다.

대한민국의 백성들과 저 북한의 백성들이 하나가 되는 그날은 반드시 올 것이다. 이 민족 복음화를 위해 한국 교회 목회자와 성도들은 철저히 회개하고 인간으로써 하나 되는 것이 쉽지 않은 과제이지만 개인과 공동체의 교만을 십자가에 내려놓고 말씀으로 돌아가 하나님의 은혜를 힘입어 서로 서로 위로하고 믿음으로 다시 일어 설 수 있도록 용기를 북돋아 주는 실천이 있어야 할 것이다.

지금의 교계 지도자들이 태어나기 전에 이 땅에 복음이 들어왔다. 녹지 않을 것 같은 한국 교회 선교의 얼음 덩어리가 하나님의 따뜻한 사랑으로 서서히 녹아 내려 130여년의 역사가 진행되고 있는 가운데 전국 곳곳에 교회가 세워졌다. 그곳에서 주의 종들은 복음을 전하고 있다. 다음 세대를 준비하고 민족 복음화, 세계 복음화를 위해 한국 교회가 실천해야만 하는 중요한 것은 교계 지도자들이 분열을 초래하고 내가 아니면 안 된다고 교만했던 것들에 대하여 철저히 반성해야 한다. 목회자와 성도들은 주님의 지체들을 용서하지 못했던 지난 잘못들을 회개하고 내일의 선교 사역을 위해 예수 그리스도 안에서 하나가 되어야 할 것이다.

살아오면서 힘들었던 개인과 교회 속에서도 역사하셨던 하나님의 사랑은 어지러운 교계의 현실에서도 분명히 한국 교회에 축복하여 주실 줄로 믿는다. 그리고 예수 그리스도 십자가의 은혜로 말미암아 죄인을 용서하고 구원하시려는 따뜻한 주님의 사랑이 개인과 가정, 각 교단과 한국 교회에 스며들게 되기를 바란다. 아무쪼록 이 어려운 때에 성탄절을 맞이하여 하나님의 아름답고 선하신 모습으로 우리 모두가 주님의 사랑의 선물을 받게 되기를 소망한다.

어느
할머니의 전도

예수 잘 믿고 전도를 열심히 하던 할머니가 그만 병이 나서 병원에 입원하게 되었다. 입원하게 된 것은 그리 큰 불만은 아니지만 전도를 할 수 없게 된 것이 무척 안타까웠다. 그래서 하나님께 기도했다.

"하나님, 제가 지금 병원에 입원해서 전도할 수 없는데 어떻게 하면 좋겠습니까? 전도할 수 있도록 지혜를 주십시오."라고 했더니 하나님께서 좋은 방법을 알려 주셨다.

할머니는 예수를 믿지 않는 학생들 중에서 아르바이트생을 모집했다. 그리고는 이렇게 제안했다.

"내가 지금 무척 성경을 읽고 싶은데 성경을 읽을 수 없으니 자네가 내 대신 성경을 읽어주게. 그러면 내가 돈을 주겠네. 식당이나 편의점에서 일하는 것보다 후하게 줄 테니까 성경 읽는 아르바이트 한번 안 해보겠나?"

"아, 좋지요!" 이렇게 아르바이트생을 고용하고는 신약부터 쭉 읽어나가게 했다. 마음속으로는 "하나님 이 학생이 성경을 읽을 때 성령께서 역사하셔서 감동과 감화가 있게 해 주십시오. 구원의 역사가 일어나게 해 주십시오."라고 간절히 기도하면서 성경을 들었다.

그러다가 요한복음 3장 16절과 같은 중요한 구절이 나오면 "뭐라고? 잘 안 들려!" 하면서 다시 읽게 했다. 사도행전 16장 31절의 "주 예수를 믿으라 그리하면 너와 네 집이 구원을 받으리라" 같은 부분은 몇 번을 반복시켰다.

그렇게 몇 주간 하고 나니까 그 학생이 예수를 믿겠다고 했다. "저 예수 믿고 싶습니다." 그래서 예수님을 주님으로 영접하는 기도를 하게하고 후한 장학금을 주어서 보냈다. 그리고 또 다른 학생을 고용해서 아르바이트를 시켰다. 이렇게 해서 일 년 동안 열 명의 학생에게 전도를 했다고 한다.

우리들의 삶속에도 이처럼 아름다운 모습의 할머니를 기억하며 전도의 삶을 실천할 수 있기를 기도해 본다.

오늘과
내일

사람이 살아온 역사에는 소통하는 말이 있었다. 그 언어는 사회와 국가의 문화로 꽃피웠다. 언어는 타인에게 생각과 마음을 전달한다. 그래서 그 나라의 언어를 보면 그 사회 사람들의 삶이 고스란히 담겨져 있음을 볼 수 있다. 물론 서양의 언어와 우리나라의 언어에는 장점과 단점들이 공존하고 있음을 부인할 수 없다. 이러한 점을 고려하여 언어 속에 담겨진 순서에서 그 사람들의 생활에 대하여 잠시 생각해 보고자 한다.

먼저 한국어와 문화에 대하여 살펴보면 우리나라 언어에는 주어를 대체로 쓰지 않고 동사를 맨 나중에 사용한다. 그래서 우스운 소리로 "한국말은 끝까지 들어 보아야 한다."라는 말이 있을 정도로 결론은 말하는 이만 알고 상대는 모르는 경우를 볼 수 있다. 그래서 상대를 칭찬하는듯하다가 결론에 가서는 원망과 불평으로 끝나는 대화를 종종 듣게 된다. 처음과 나중이 불투명하다는 것이다.

하지만 영어권 문화를 들여다보면 그들은 실용적이고 논리적이며, 합리적인 언어와 생활을 영위한다는 것이다. 그 이유는 주어를 사용하고 바로 동사가 쓰여 짐으로 결론을 먼저 내리고 그 다음 이유에 대하여 논리적으로 설명에 들어간다. 그래서 상대방이 무슨 말을 하려는지가 짐작이 된다. 매우 실용적인 생활 습관이다.

우리나라의 문장은 동사가 뒤에 나타남으로 인하여 사람이 언어와 문화 속에 알게 모르게 내재해 있는 것이 있다면 바로 뒤 끝이 있다는 점이다. 그리고 '오늘 아니면 내일 하면 되지 …'라는 생각으로 쉽게 오늘의 일을 내일로 미루는 생활 습관이 있다. 하지만 한국의 언어와 문화에는 인내와 끈기가 어느 민족보다 앞선다는 우수한 장점이 내재해 있다. 그런가 하면 영어권의 문화는 지금 현재의 결단을 요구한다. 왜냐하면 내일은 나의 것이 아니기 때문이다. 내일 보다는 오늘에 충실 하는 것이 더 먼저인 것이다.

그래서 그들은 일상 속에서 '당신은 오늘 행복합니까?' 혹은

'당신은 오늘 바쁘십니까?'라는 질문을 하면서 만약에 그렇게 대답을 한다면 '예, 그것은 완벽한 생활입니다.'라고 답변을 한다. 그만큼 개인의 오늘 행복과 할 일에 대한 물음은 곧 현실적인 삶에 대한 반증이며, 행복한 마음을 안고 바쁘게 생활하는 모습이 최선이라는 점을 암시하고 있다.

그렇다. 오늘을 생활하는 우리가 매일 매일 행복이 뒷받침되는 삶이 사람을 더욱 일상에서 즐거움을 가져다준다. 오늘과 내일을 살아가면서 좀 더 여유를 가지며 타인을 먼저 섬기고 배려하는 것은 결국 우리 모두가 행복한 문화를 만드는 것임에 틀림이 없다.

이렇듯 언어와 문화 속에 숨겨진 생활들은 우리나라와 서양의 좋은 점과 그렇지 못한 것을 지혜롭게 구분하여 삶 속에 적용한다면 실용적인 점과 인내와 끈기가 내재돼 있어 매우 조화로운 인간으로서 살아갈 수 있는 요소가 충분히 있다고 생각한다. 그러므로 하루를 살아 갈 때에도 오늘의 일을 내일로 미루는 습관을 버리고 지금 현재에 충실히 생활한다면 내일은 분명히 행복한 모습으로 우리에게 다가올 것이다.

지역 교회를 비롯하여 한국 교회 역시 해야 될 과제들이 산적해 있다. 하나님께 예배하는 것과 순간순간 성령으로 기도하며 그리고 때를 얻든지 못 얻든지 복음을 이웃들에게 전하는 선교의 사명은 분명히 지금 현재 해야 되는 것들이다. 기존의 교인들과의 친교와 교육 그리고 제자를 삼는 일들도 내일로 미루지 않고 한다면 주님께서는 때가 되면 영적인 열매를 반드시 허락해 주실 줄로 확신한다.

한국 교회 성도들에게 하나님이 은혜로 주시는 최고의 선물은 오늘이다. 그리고 내일을 위해 인내와 끈기가 있는 삶이 반드시 요구된다. 그것을 실현하기 위해 필요한 지름길은 지금, 현재 감사하는 것이다. 먼저는 나를 구원해 주신 것과 가정과 직장 그리고 교회와 교단을 주신 전능하신 하나님께 감사하고 나라와 민족에게 베푸신 그 크신 은혜를 감사한다. 우리나라가 복음을 받고 축복을 주실 뿐만 아니라 세계 선교를 감당할 수 있게 하신 은혜에 감사한다.

바라기는 오늘과 내일은 언어 속에 담겨진 말과 문화 속에서 온다는 것을 인식하고 서양과 우리나라의 좋은 점만 취하여 조화를 이루는 삶을 살아보자.

영원히
목마르지 않는 생수

　　현대를 살아가는 사람들은 인간관계에 목말라 하는 경우가 많다. 마음의 질병 가운데 가장 많이 앓고 있는 것이 현대에는 '우울증'이라고 한다. 그것은 낮은 자존감, 자신의 미래에 대한 부정적인 견해, 죄책감, 분노, 의지의 마비, 슬픔, 절망, 당혹감, 수치감, 불안감 등으로 표현되어 그 심각한 결과가 가정과 사회에서 나타내기도 한다.

　　더구나 우울증의 증상 중에 빼놓을 수 없는 것은 한 가지 일에 지나치게 집착하든지, 아니면 사람들을 만나지 않고 혼자 있고 싶어 한다. 인터넷이 있기 전에는 드문 현상이었지만, 최근 들어서 학교도 가지 않고, 밖에 외출도 하지 않는 젊은이들이 심심치 않게 있어 부모들이 걱정을 하고 있다.

그 젊은이들은 자기 방에 틀어박혀서 컴퓨터 게임과 스마트폰의 가상현실에서만 있으려 하고 가족과 함께 식사도 하지 않는다. 심지어 가족들이 잠자는 시간에 부엌에 몰래 나와서 식사를 한다. 공동체 생활을 하지 않는 것이다. 또한 그들은 자기 방에 들어가 칩거하는 사례들이 많이 늘어나고 있다.

2000년도 전에는 일본의 청소년들이 이러한 증상으로 심각한 사회현상을 일으켰지만, 최근에는 우리나라에서도 이런 젊은이들이 계속 들려오고 있다. 우리가 생각해 볼 것은 이러한 외톨이 현상은 비단 일본과 우리나라 청소년뿐이겠는가? 하는 것이다. 믿기 어렵겠지만 어른들 중에서도 가정주부들에게 현격히 많이 나타나고 있다. 이러한 것들을 현대 의학 용어로 '우울증'이라고 명명하고 있다.

성경이 기록되던 1세기에는 의학적인 '우울증'이라는 용어는 없었지만, 우울증을 앓고 있어 그 증상으로 아파하는 사람들은 많이 있었다. 그 대표적인 사람이 요한복음 4장에 나와 있는 수가성의 여인이다. 중동 지역은 낮에는 너무나 덥기 때문에 아낙내들이 물을 길러 뙤약볕이 내리쬐는 한낮에 오지 않는다. 새벽이나 해가 지는 서늘할 때에 우물가에 나와 활동을 하는 것을 알 수 있다. 농경사회에서 우물이라는 장소는 물만 긷고

빨래만 하는 장소가 결코 아니었다. 동네의 아낙네들이 모여서 서로의 안부를 물을 뿐 아니라 동네의 돌아가는 상황들을 나누는 정보의 교환 장소 역할을 하기도 했다.

그런데 이 여인은 정오에 혼자 우물가에 왔다. 다른 아낙네들과 사귐을 갖지 못하고 있는 것이다. 즉, 대인기피증을 앓고 있는 여인이었다. 또한 이 여인은 우울증 환자에게 자주 나타나는 집착이라는 병을 앓고 있었다. 우울증 환자들은 한 가지에 집착하는 버릇이 있다. 먹는데 집착해서 비만이 되기도 하고, 손을 지나치게 씻는데 집착하기도 한다. 그래서 우울증 환자를 치료 중에 한 가지는 자신이 가지고 있는 불필요한 것을 버리는 훈련도 시킨다.

21세기인 현재도 이혼을 두 번만 해도 이상한 눈으로 쳐다보는데 1세기의 이 여인은 남편을 다섯 명이나 바꾸었다. 사람들의 이목에는 관심이 없고 자기 생각에 집착하는 경향이 강한 여인이었다. 우리는 이 시간에 생각해 보았으면 한다. 비록 정서적으로 육체적인 아픔이 있더라도 이러한 우울증 때문에 자신의 능력을 발휘하지 못하는 실수를 단호히 버리자. 그리고 담대하게 생명의 주인 되시는 예수님께로 나아가 영원히 목마르지 않는 생수를 마심으로 이 땅에서 살 동안 죄악과 질병의 고통에서 해방 받아 빛의 삶으로 살아보자.

눈(雪)
이 주는 교훈

이스라엘이 있는 팔레스타인 땅은 우리나라 강원도만한 좁은 곳이다. 그런데 이곳은 지역에 따라 기후가 다양하고 일교차가 심하다. 전체적으로는 아열대 지역이지만 남쪽에서 북쪽까지 지나다보면 봄, 여름, 가을, 겨울을 다 느낄 수 있다.

남쪽 사해 지역에서는 어느 때이건 해수욕을 할 수 있다. 이곳은 2월임에도 불구하고 수영을 할 수가 있다. 반면 고산 지역은 춥고, 북쪽 헬몬 산의 정상은 언제나 눈이 덮혀있다.

그래서 성경을 보면 눈과 관계된 내용들이 가끔 나타난다. 성구사전을 찾아보면, 성경에 눈에 관련된 구절이 모두 열아홉

구절이 나오고 있다. 구약에 열일곱 번 신약에 두 번 나오고 있다.

자연은 하나님의 작품이다. 그렇기 때문에 자연을 주목하면 언제나 하나님의 메시지가 들려오는 것이다. 겨울의 낭만은 단연 눈인데, 눈 또한 우리에게 여러 가지 귀한 교훈을 주고 있다.

눈은 온통 세상을 하얗게 만든다. 눈은 우리 죄를 눈과 같이 깨끗하게 하시는 예수 그리스도의 보혈의 은혜를 기억하게 한다. 또한 눈은 보온과 방음 기능을 가지고 있다. 눈은 우리의 허물을 덮어주는 예수 그리스도의 사랑을 기억하게 한다. 그리고 눈은 우리 인생의 허무함을 생각하게 한다.

우리는 겨울이 있기에 눈이 주는 교훈을 실감한다. 눈이 주는 교훈대로 우리 죄를 깨끗하게 하시는 예수 그리스도의 보혈의 은혜, 우리의 허물을 덮어주는 예수 그리스도의 사랑을 누리고, 우리 인생의 허무함을 깨닫고 헛되지 않은 주의 일에 힘쓰는 그리스도인들이 되어야겠다.

때가
차매

하나님은 때를 따라 역사하신다. 하나님은 구원 계획을 이루시기 위하여 철저하게 준비하셨다. 성경을 보면 예수님이 언제, 어디서, 어떻게 태어날 것인지 말씀하고 있다. 이사야는 예수님이 처녀의 몸에서 나실 것을 예언했고, 미가는 베들레헴에 나실 것을 예언했다.

바울은 예수님이 '때가 차매' 오셨다고 말씀하고 있다. 하나님의 지혜 가운데 예정되었던 때가 되었을 때 하나님이 그의 아들을 보내셨다는 것이다. 다시 말해서 시기적절하게 오셨다는 것이다.

하나님은 인류를 구원하신 목적을 가지고 그 목적을 이루시기 위해서 때를 선택하셨다. 예수님이 오신 때는 하나님께서 예비하신 때였다.

헬라 제국에 이어 로마 제국의 지중해 권 장악은 정치적인 준비인 것이다. 그 결과 문화가 개방되어 있었고, 교통이 편리했으며, 언어가 통일되어 있었다. 경제적으로 어려운 상황도 메시아를 대망하게 했다.

헬라와 로마 시대의 사람들은 자연 숭배와 제우스 등 각종 신을 섬기면서 행복을 찾으려고 했다. 그러나 지칠 대로 지친 사람들은 더 이상 자신들이 섬기는 신이 행복을 가져다주지 못한다는 사실을 알았고 싫증을 느끼고 있었다. 이제 사회적인 분위도 준비되었다.

그리고 예수님의 탄생을 위하여 선택받은 자들이 신앙적으로 준비되어 있었다.

천사가 마리아에게 동정녀 탄생을 예고했을 때 마리아는 이성적으로 이해할 수 없고 받아들이기 힘들었다. 그러나 엘리사벳의 잉태 소식으로 마리아는 하나님의 전능하심을 믿게 되었고 "주의 여종이오니 말씀대로 내게 이루어지이다."(눅 1:38)라고 믿음으로 응답했다. 이처럼 하나님께서는 미리 준비하시고 때를 따라 역사하신다.

기쁨의
성탄

어두운 세상
참된 빛 이 땅에 거룩히 내려
성육신 하시어 나와 너 우리 속에 계신
기쁜 날, 예수 성탄.

우리가 살고 있는 현대 사회는 어느 시대보다도 더 많은 물질주의, 세속주의, 무신론주의가 그 영혼들을 잠식하고 있음이 현실이다. 참으로 안타까운 현상이라 하겠다. 이러한 때에 참된 기쁨은 오직, 예수 성탄뿐임을 다시 한 번 고백하게 된다.

남과 북은 진정한 평화를 일궈내야 함에도 불구하고 아직도 정치적, 군사적으로 얼음 위를 걷는 듯한 냉랭한 발걸음만 지속하고 있어 얼마나 가슴이 아픈지 말로 표현할 길이 없다. 반

생명의 문화는 계속적으로 늘어나기만 하고 사회적인 어두운 그림자는 죽음의 충동과 생명을 경시하는 문화로 치닫는 것을 어찌할 것인가.

백성들의 부익부 빈익빈의 양극화는 더욱 깊어만 가고 있다. 시대적인 국론은 일치가 안 되고 있어 오히려 국민의 불안은 점점 심해져 가고 지구촌에 분쟁과 테러는 끊이지 않고 있다. 인류는 분열만을 자아내는 형국이니 참다운 평화와 기쁨은 어디에서 찾을 수 없는 세상이 되었다. 그러므로 하늘과 땅에서의 기쁨은 오직 예수 성탄뿐임을 백성들은 알고 돌아와야 할 것이다. 나라와 나라, 민족과 민족은 세계가 화합과 소통, 통합 그리고 공존으로 나아가야겠다. 성탄절은 낮고 낮은 인간의 몸으로 가난 가운데 오신 예수 그리스도의 탄생을 환영하는 날이다.

우리는 그 사랑을 실천하여 평화의 세계로 일구어 가야 할 것이다. 성탄절은 일회성이 아닌 대림절의 신비를 통해 낮은 곳으로 오신 예수를 모든 생활속에서 실천으로 열매 맺어 엄동설한 가난하고 소외된 이웃을 돌아보아 참다운 기쁨의 성탄을 선포하자. 그리하여 세상에서 고단하고 가난한 사회적 약자들에 눈을 돌려 어두운 그늘 속에 가려져 있는 그들과 함께 하는 기쁨의 성탄을 맞이하여야 할 것이다. 예수 오심은 그리스도인들이 빛과 소금으로 살라는 분명한 메시지이다.

경건한
기다림

시므온은 경건한 사람이었다. 경건이란 하나님을 경외하는 마음과 태도를 말하는 것이다. 그는 경건하게 예수님의 오심을 기다렸다.

하나님은 우리가 하나님을 경외하며 경건하게 살기 원하신다. 사도 바울은 "경건에 이르기를 연습하라."고 하셨다.

그러면 우리가 경건하게 사는 것은 구체적으로 어떤 것일까? 야고보서 1장 27절을 보면 "경건은 곧 고아나 과부를 그 환난 중에 돌보고 또 자기를 지켜 세속에 물들지 아니하는 것"이라고 말씀하고 있다.

수년 전 북미지역 감리교 총회에서 "100불의 크리스마스"라는 캠페인을 벌인 적이 있었다. 이것은 각 가정에서 크리스마스를 위해 100불 이상을 소비하지 말자는 캠페인이었다.

그러나 이 캠페인은 성공하지 못했다. 마귀는 성탄절을 받아들였지만 되돌리기 어려울 만큼 성탄절을 변질시켜 놓았다. 사람들은 경건을 고리타분하게 생각한다.

안타깝게도 가장 경건해야 할 성탄절이 오히려 불경건으로 가득 찬 날이 되어 버렸다. 먹고 마시고 즐기는 가장 큰 소비 축제일이 되어 버렸다. 그러나 우리 성도들은 고요하고 경건한 분위기 속에서 성탄의 의미를 생각하며 지낼 수 있어야 한다.

성탄을 앞두고 하나님께서 우리들에게 바라는 것이 무엇이겠는가? 시므온은 우리에게 그 답을 분명히 보여주고 있다. 그것은 바로 경건이다.

첫 성탄에 예수님을 만난 시므온 같이 경건한 마음으로 성탄을 기다리며 세속에 물들지 않도록 자신을 돌아보며 경건을 훈련하는 자들이 되어야 하겠다.

우리가 항상 그렇게 살아간다면 성탄절을 경건하게 맞이할 뿐 아니라 다시 오실 예수님을 맞이하기에도 부족함이 없을 것이다.

불변의
진리와 함께

교수신문은 전국 대학교 교수들이 설문조사를 한 결과 2014년 '올해의 사자 성어'로는 지록위마(指鹿爲馬)가 선정되었다고 발표하였다. 응답한 724명 중에 201명이 지록위마를 뽑았는데 이 사자 성어는 '사슴을 가리켜 말이라고 일컫는다.'라는 의미를 가지고 있다. 다시 말하면 진실과 거짓을 자기 멋대로 조작하여 속였다는 유래에서 나온 사자 성어이다. 이것은 사랑도 용서도 배려도 사라져 엉클어진 상태이다.

한해를 돌아보면 사슴이 말로 둔갑하여 뒤바뀐 사건들이 많이 있었다. 나라를 이끌어가는 국가 지도자들과 공무를 집행하는 공직자들이 정치, 경제, 사회, 국방, 종교, 교육의 구석구석에 이르기까지 수많은 사건에서 본질을 호도하였고, 피해자인 국민들은 물리적 피해와 정신적 고통을 그대로 감내 해야만 했다.

이 땅에서의 삶들이 우리를 힘들게 했을지라도 지나온 한 해를 돌아보면 영원히 변치 않으시는 예수 그리스도께서 우리가 가는 길마다 함께 해 주셨음에 감사한다. 주님은 세상 사람들과 사회구조들이 성도들을 유혹하여 신앙의 길로 가지 못하도록 고난을 준다 해도 여전히 우리를 지켜주시고 선한 곳으로 인도해 주셨다.

2,000년 전 예수님께서 하나님 나라의 불변한 진리의 가치를 증거 하기 위해서 이 땅에 완전한 인간의 모습으로 오셨다. 천국에서의 모든 권세와 안락한 자리를 내려놓으시고 가장 낮은 곳 가난한 베들레헴 유대 땅에 태어나셨다. 예수님이 탄생하셨던 당시 로마제국의 권력을 생각한다면 주님은 지상 최고의 권력이 내세우는 세상 가치와 치열하게 싸워야만 했다.

세상 사람들은 새해가 되면 일출을 보려고 산으로 바다로 찾는다. 과거의 어둠의 그림자를 벗어 버리고 새로운 각오로 살겠다는 마음을 얻고 돌아오려는 것이리라. 그러나 그렇다고 거기에 희망이 있는 것이 아니다.

'지록위마'와 같은 세월이 그동안 우리 사회에 많이 흘러 와서 그런지 새해가 되어도 별다르게 새롭지가 않다. 이것은 눈에 보이는 세상적인 흐름의 현상으로만 볼 때에 그렇다. 여기저기에서 소중한 가치를 갖고 있는 이들은 여전히 희망적인 이야기를 말 한다. 우리가 살고 있는 이 사회는 세월이 흐르면서 변화도록 되어 있다. 그들의 가치관도 반드시 달라진다.

'말이 아닌 사슴'으로 말하고 표현 한다는 이 사회에서 비록 거짓과 진실이 뒤바뀌는 세상임을 직시한다면 우리는 정신을 바짝 차리고 영적으로 깨어 있어 기도하며 말씀과 성령이 이끄시는 성도가 되어 예수 그리스도께서 가르쳐 주신 하나님 사랑, 이웃 사랑의 계명을 실천하는 것이다. 이것이야말로 우리가 소중한 영적 가치들을 지키고 내일을 위한 희망을 세상에 펼치는 것이다.

2015년 을미년(乙未年)은 우리 민족 광복 70주년을 맞게 된다. 북녘 하늘 저 넘어 불변하는 진리가 곳곳에 들어가 남북관계에 변화의 물결이 흐르고, 복음 통일을 앞당기는 민족화해의 한반도 평화를 위한 노력이 우리 사회에서 일어나기를 바란다. 바라기는 한국 교회가 사랑을 실천하고 하나님 나라 확장을 위해 복음을 전하는데 귀하게 쓰임 받게 되기를 소망한다.

물은 고여 있으면 반드시 썩게 되어 있다. 그래서 물은 흘러야 한다. 사람의 영혼과 마음 그리고 생각과 행동에서도 여전히 냄새나는 지난 과거의 잘못된 구정물과 같은 오염의 가치들은 철저히 버리고 하나님께서 하늘로부터 내려 주시는 영적인 세미한 새로운 성경 말씀으로 무장하여 이 해가 가기 전에 날마다 회개하고 그리스도의 십자가의 보혈로 정결하게 씻어내도록 기도하자. 더 나은 내일을 위하여 주님이 원하시는 것이 무엇인지를 분별할 줄 아는 지혜를 얻어야 할 것이다.

거룩한 변화

(Divine Exchange)

한해를 돌아보니 사회적으로나 국가적으로 충격적인 사건들로 우리 모두가 불안해했다. 매월 발생하는 그 많은 사건들을 접하며 충격과 분노를 감출 수 없었고 상처와 고통 속에 있던 이들과 함께 하지 못한 미안함으로 기도하며 눈물을 흘려야했다. 그래서 지난 일 년은 더욱 아쉽고 미안한 마음이 든다.

우리는 이제까지 잘못 살아왔던 묵은해를 뒤로하고, 창조주 하나님은 가정과 교회와 사회 그리고 민족과 국가에 함께 하신다는 믿음을 가지고 새해를 맞이하자. 새해에는 세계 도처에 전쟁도 그치고, 지구촌 구석구석에 인종을 살상하는 테러도 사라지는 평화의 해가 되기를 바란다.

국내에서도 '세월호 참사'와 같은 충격적인 사건들이 발생하지 않도록 국가적인 차원에서 철저한 점검은 물론 안전한 사회를 이루기 위해 공무를 하는 이들은 더욱 노력을 기울여야 할 것이다. 크고 작은 인명 사고로 유명을 달리한 이들의 가족들은 평생 잊지 못할 상처로 남게 되었다. 그 사건으로 인해 국민들은 작은 것부터 이웃과 함께 하는 정신을 회복하겠다는 생각들이 가득하였다.

그러나 무엇보다 중요한 것은 하나님을 믿는 성도로서 우리는 어떠한 자세를 가지고 새해를 살아야 할까? 그것은 이성적이고 객관적이며 과학적인 삶을 의지하기보다 영적인 삶을 추구하며 특별히 성경 말씀을 더욱 신뢰하고 성령의 인도를 받으며 살아야 할 것이다. 한번밖에 없는 인생을 어떻게 살아야 할까? 하나님이 인간을 만들어 주신 목적대로 우리는 살아야 한다.

그렇다. 세상의 그 어떤 것보다 소중한 가치를 두고 살아가는 우리 그리스도인들은 외롭고 힘든 고난이 다가온다 해도 예수 그리스도 안에서 마지막 나의 생명이 끝나는 순간까지 좀 더 의미 있는 인생을 살기 위해 꾸준히 기도하며 신앙생활에 최선을 다하자. 그리고 이를 위해 육체적으로 안락하고 편안함만을 추구하는 소극적 태도의 삶을 단호히 배격하고 하나님 중심으로 살자. 삶의 현장의 순간순간마다 시간을 헛되이 보내지 말고 주님이 맡겨 주신 사명에 따라서 살아가는 멋진 삶을 살아보자.

이것을 쉽게 말해 주는 영어 단어가 있다. 그것은 'Divine Exchange'이다. 'ex'는 상호교환을 뜻한다. 변화를 말하지만 물리적이고 인간적인 단순한 감정의 변화를 의미하는 것이 아니라, 거룩한 변화를 말한다. 그래서 누구든지 삶을 살다보면 부모와 교사의 교육이 자녀들에게 변화를 주지 못하지만 어느 순간 어려움과 시련이 닥쳐오면 자녀 자신도 모르게 심리적인 변화를 일으켜 철이 들게 된다.

하지만 여기에서 말하는 거룩한 변화는 하나님을 만나면서 성령의 기름 부으심으로 한 성도가 거룩한 바꾸심을 체험하는 것을 뜻한다. 그러므로 우리가 금년을 살아갈 때에는 개인적으로 혹은 가정과 사회적으로 고통이 따르더라도 그 시련 가운데 하나님이 나를 거룩한 변화를 이루게 하시며 성숙한 신앙인으로 성결한 삶을 살 수 있도록 반드시 역사하여 주심을 심령 깊은 곳에서 철저히 믿고 살아보자.

쉬운 현대어 성경, 로마서 8장 27, 28절에 보면 "사람의 마음을 꿰뚫어 보시는 하나님께서는 성령의 생각이 무엇인지를 아십니다. 그것은 성령께서 하나님의 뜻에 따라 성도들을 위해 중보 기도를 하시기 때문입니다. 우리는 하나님께서 모든 일을 하나님을 사랑하는 사람 곧 하나님의 목적을 위해 부름을 입은 사람들의 선을 위하여 하신다는 것을 알고 있습니다."라고 말씀하였다.

우리의 작은 것까지라도 세밀하게 지켜보고 계시는 주님을 생각하며 그 말씀을 믿고 순종하고 거룩한 변화를 위해 살아보자. 마치 독수리가 넓은 날개를 펴서 세찬 바람을 타고 높고 푸른 하늘로 치솟아 땅 아래의 먹잇감을 찾듯이, 성령 하나님의 인도를 받아 힘겹고 어려운 이 세상 속에서 그 분의 위로와 인도로 다가오는 육과 영의 시련을 신앙의 힘으로 극복하고 하나님의 영원한 나라를 바라보며 승리하기를 소망한다.

끝자락

한 해가 저물어간다.
매년마다 되풀이 되는 것이지만
한 해를 보내는 것은 다하지 못한 아쉬움으로 남는다.

목장 초원을 달리는 말처럼
무던히 숨고를 여유도 없이
12월 끝까지 우리는 달려왔다.

연초에 계획을 세웠던 수많은 일들
자신에게 다짐했던 약속들
때로는 창조주 하나님께 부르짖었던 기도들

후회한 것들을 포함한 결과에 대해 돌아보게 만든다.
그래, 당신은 천리만리를 걸어가고
또 걷는 그 길을 누구와 함께 걷고 있는가.
대단한 것도 아닌 것으로 다투었던 어리석었던 일들

이웃을 사랑하자며 말을 했던 그 약속을 얼마나 지켰는지
나와 가까운 친구들, 이웃들
공동체에서 작게 때로는 크게 고통을 안겼던
아쉬움은 없는지 반성하게 된다.

넉넉하지 못한 가운데 12월 끝자락에서
감사한 것을 먼저 찾아
새해 희망을 발견하리라.

나는 행복합니다

오늘은 2014년 마지막 주일이다. 올해가 사흘 밖에 남지 않았다. 한 해를 마감하는 여러분의 심정은 어떠한가? 후회, 아쉬움, 만족, 행복, 어느 것인가? 성도들 모두 '나는 행복한 사람입니다.'라고 고백하며 하나님께 감사함으로 금년 한 해를 마감할 수 있기를 원한다.

그래야 할 이유를 모세가 가르쳐 주고 있다. 모세는 단 한 번의 실수로 가나안 땅만 바라보고 그 땅에 들어가지 못했다. 섭섭하기도 했지만 그는 사명을 감당한 홀가분함도 있었을 것이다.

광야생활을 마감하며, 또한 자신의 삶을 마감하는 즈음에 모세가 마지막으로 이스라엘 백성들을 위해서 할 수 있는 일은 마음껏 축복해 주는 것이다.

　모세는 각 지파를 차례차례 축복하고 나서 마지막으로 이스라엘을 향하여 "이스라엘 백성이여 너는 행복한 사람이로다."라고 최종적인 결론을 내리고 있다. 40년 광야생활은 행복으로 마감되었다.

　우리는 영적인 이스라엘이다. 하나님이 지금 우리에게 '너는 행복한 사람이로다.'라고 말씀하시면 '아멘' 할 수 있는가? 아멘 해야 한다. 그리고 '나는 행복한 사람입니다.'라고 고백할 수 있기를 바란다.

　이스라엘 백성들과 마찬가지로 우리도 하나님께 구원받은 백성이기에 행복하고, 하나님이 도와주시고 지켜 주시기에 행복하며, 하나님이 우리에게 승리와 높임을 주실 것이기에 행복하다고 고백하자.

　'나는 행복한 사람입니다.'라고 고백하며 한 해를 마감하고 또 행복한 마음으로 2015년 새해를 시작하는 신앙인이 되자.

다음을 기다리며

기다림이 둥그렇다면
그대 곁으로 굴렁쇠를 굴려 보내고
기다림이 사다리 모양이라면
고무줄마냥 잡아 늘리어
그대 발길이 머무는 곳까지 띄워 보내리라.

기다리고
기다렸더니

미국의 서부 개척이 한창일 때 다비(R.U. Darby)라는 사람이 무지개 꿈을 안고 금광을 찾아 헤맸다. 드디어 찾은 금광에서 금이 쏟아져 나왔을 때 그의 꿈이 현실로 나타나는 듯 했다. 그렇지만 이내 금맥은 끊어져 버렸고 그의 희망도 날아가 버렸다.

다비는 광산에서 금광을 캤던 모든 채굴 장비들을 헐값에 팔아넘기고 고향으로 되돌아와서 조그만 회사에서 세일즈 일을 하게 됐다.

얼마 후에 다비에게 한 가지 소식이 들려왔다. 다비가 헐값에 팔아넘긴 고물 장비를 사들인 고물상 주인이, 다비가 포기했던 그 광산을 계속 캐다가 지층 변화로 끊어져 보이지 않던 금맥을 다시 찾아 큰 부자가 되었다는 것이다.

그런데 그 거리는 3피트(91.44cm)에 불과했다. 다비는 이 소식을 듣고 "그만 두어야 할 때가 곧 시작할 때"라는 말을 남겼다. 그 이후 다비는 이 말을 자신의 좌우명으로 삼아 생업에 몰두하여 어떤 일도 포기하지 않았다.

다비는 보험사원을 하면서 고객이 '노'라고 해도 실망하지 않았다. '여기에서 3피트만 더 파면 된다.'라고 하면서 포기하지 않고 계속 도전했다. 그는 한번 달려들면 결코 놓치지 않는 끈질긴 사나이로 변신했다. 마침내 그는 최우수 세일즈맨이 되었고, 나중에 그는 백만장자가 되었다.

우리는 우매하여 그때 조금만 기다렸다면 좋았을 뻔한 일들을 지나보내고 나서야 깨달아 알게 되는 일이 허다하다. 우리는 포기하지 말고 인내하며 기다릴 수 있어야 한다.

지금 우리의 상황이 비록 어려울지라도, 정말로 견디기 힘들 정도로 어렵더라도 우리는 주님의 때가 될 때까지 기다려야 한다. 하나님의 약속을 굳게 믿음으로서 주님의 예비하신 재림의 때가 될 때까지 기다려야 한다.

다시
시작 합시다

이란의 수도 테헤란 왕궁에 가면 세계에서 가장 아름다운 모자이크 작품이 있다. 그 작품은 천장과 벽에서 다이아몬드처럼 빛을 발하고 있다.

처음에 궁전을 디자인할 때 벽에 큰 거울을 붙이려고 했다. 그래서 파리에서 큰 거울을 주문해 들여와 상자를 열어보니 거울이 온통 산산조각 나 있었다. 테헤란까지 수송을 맡은 책임자는 건축가에게 사과했다.

그런데 화를 낼 줄 알았던 건축가는 뜻밖에도 깨어진 유리 조각을 모두 가져오라고 했다. 그는 거울 조각을 매우 잘게 부수고 그것을 일일이 벽에 붙였다. 그러자 거울 조각은 은빛으로 반짝이는 모자이크로 되살아났다. 그렇게 해서 깨어진 거울 조각은 세계에서 가장 아름다운 모자이크 작품으로 탈바꿈했다.

이사야 예언 속의 유다는 깨어진 조각 같았다. 북쪽(조) 이스라엘은 136년 전 유다에 앞서 앗수르에게 멸망을 당했고, 남쪽(조) 유다도 주전 586년 바벨론에게 멸망을 당했다. 이스라엘 백성들은 나라를 잃어버리고 사방으로 뿔뿔이 흩어졌다.

그러나 하나님께서 다시 회복시키셨다. 하나님께서는 택한 백성을 잠시 징계하실 뿐 결코 버리시지 않았다. 하나님께서 다시 저들에게 넘치는 복을 주셨다.

과거에 버림을 받았어도 이제는 사람들에게 인정을 받을 수 있고, 더욱 잘되는 복을 받을 수 있다. 그리고 다시는 불행을 만나지 않고, 하나님의 영광으로 충만해지는 복을 받을 수 있다.

새해가 좋은 것은 다시 시작할 수 있기 때문이다. 이제 새해가 되었으니 다시 시작해야 한다. 과거는 잊고 현재의 기쁨을 마음껏 누리며 미래와 영원한 천국을 바라보자.

신년을
맞으며

가느다란 실을 가로로 세로로 직조하면 천이 만들어 진다. 가로줄을 씨줄(위도), 세로줄을 날줄(경도)라고 부른다. 이 씨줄과 날줄을 교차하면서 짜 나가면 아름다운 천이 탄생 된다. 그렇게 만들어진 작품을 보면서 사람들 중에는 밝은 색을 클로즈업하는 이도 있지만, 검은 부분을 인상적으로 떠올리는 이도 있다. 지난 나의 삶을 한 줄로 줄인다면 무엇이라 말할 수 있을까?

우리들 각자는 취업, 사업, 건강, 인간관계, 가정 평화, 자녀 교육 등에 여러 가지로 어려움을 겪으며 살고 있다. 좀 더 행복한 삶을 살고 싶지만 인생이 그렇게 녹록지 않다. 답답하기도

하고 나의 선하고 정직한 뜻이 제대로 실현 되지 않는 경우도 많다. 그래도 가만히 한 해를 돌이켜 보면 내가 느끼지 못하는 순간과 장소에서도 하나님은 우리를 성령으로 지키시고 인도하셨음을 절실히 깨닫게 된다. 이제 새롭게 떠오른 2015년 붉은 해와 함께 주어지는 시간 속에서 주님은 우리에게 어떤 의미와 소망을 안겨 주실까? 설렘을 갖고 기대하게 된다.

심리학자들에 의하면 우리의 마음에는 방이 네 개가 있다고 말한다. 첫째 방은 나만이 아는 "비밀의 방"이요, 둘째 방은 나에 대해서 너만 아는 "손님의 방"이요, 셋째 방은 나도 알고 너도 아는 "거실(Living Room)"이요, 넷째 방은 나도 너도 모르는 오직 하나님만이 아는 "지성소"의 방이다. "비밀의 방"이 넓은 사람은 우울증에 걸리기 쉽다. "손님의 방"이 넓은 사람은 자신을 모르는 어리석은 사람이다. "거실"이 넓은 사람은 너와 내가 함께 이해하고 대화하고 협력하는 바람직한 심리를 가진 사람인 것이다.

그러나 그 보다는 "지성소"가 항상 깨끗하고 정결한 사람이 아름답고 바람직한 신앙인이라 할 것이다. 그렇다면, "지성소"가 넓은 동시에 모든 사람이 함께 어울릴 수 있는 "거실"과 같은 사람이 가장 바람직한 신앙인의 모습이라 할 수 있다. 우리 모두 그러한 그리스도인이 되었으면 좋겠다.

금년 한 해, 한국 교회의 모든 성도들에게 믿음의 지경, 축복의 지경, 평안의 지경이 넓혀지는 축복이 있기를 바란다. 그리하여 우리 인생의 염려와 불만과 고통들이 말씀과 성령으로 무장해 맞서서 승리하며 하나님의 은혜로 그 인생이 만족과 기쁨으로 바꿔지게 되는 한해가 되기를 소망한다.

복음의
전도자

마음의 병인 우울증의 증상을 성경에서도 찾아볼 수 있는데 사마리아 수가성의 여인이 앓고 있는 대표적인 현상들을 보면 다음과 같다. 집착, 낮은 자존감, 대인기피, 불안증, 현실도피 등 삶에 대한 불만족스러운 모습들을 들 수 있다. 그녀는 매사에 귀찮아하는 모습들이 일상이 되었다. 성경에 보면, 예수님께서 여인에게 물을 좀 달라고 했을 때, 그냥 한 바가지 퍼 주면 되는데, "왜 유대인이 사마리아인에게 말을 거느냐? 왜 남자가 여자에게 말을 거느냐?"라고 투정거리는 모습이 우울증의 증상으로 볼 수 있다.

보통 사람들은 이러한 사람들을 만날 때 대부분은 재수 없다고 무시하거나 피해버리곤 한다. 그러나 예수님은 이 여인을 외면하지 않으시고 긍정적인 대화를 계속하셨고, 우울증으로 몸과 마음이 꺼져가던 여인을 치료하여 복음을 전하는 전도자가 되게 하셨던 것이다.

버림받은 여인의 자존감을 예수님이 살려주셨다. 그 당시 민족적으로 사마리아인이라는 열등감에 빠져있었고, 동네 사람들도 만나주지 않는 가운데 자존감이 바닥에 떨어졌다. 하지만 유대인인 예수님은 이런 여인에게 오히려 물을 좀 달라고 하셨다. 여인으로 하여금 내가 사마리아인이고, 여자라는 사실을 깨닫게 하신 것이다. 상대방을 인간으로, 인격적으로 대해 주는 것이 자존감을 살려주는 길인 것이다. 오늘날 많은 사람들이 말을 너무 함부로 하는 경향들이 있다. 상대방을 전혀 생각하지 않고 함부로 내뱉은 말이 상대의 인격을 파멸시키고 평생 어둠의 그늘에 살게 할 수 있다. 하지만 예수님은 이 여인을 하나님이 창조하신 심히 기뻐하시는 존재로 인정하셨다.

하늘의 왕이신 그분이 어떻게 보면 창녀 같은 한 여인의 눈높이까지 낮아지셨다. 하늘의 영광을 다 버리시고 이 땅에 성육신(成肉身)하신 예수님이 낮고 천한 여인의 수준까지 내려오신 것이다. 그리고 이 여인과 대화하면서 한 단계씩 끌어 올려주셨다. 여인은 예수님과 대화를 마치자 물동이를 버려두고 동네로 복음을 전하러 뛰어 들어갔다.

결과적으로 여인은 전도자가 되었다. 예수님은 이 여인을 돕기 위해 여인이 가지고 있는 문제의 얽히고설킨 실타래를 한 올 한 올 풀어내듯이 해결해 주셨다. 그리고 하나님께서 주신 은사와 능력을 발휘하도록 도와주셨다. 이 여인은 적극적이며, 설득력이 있고, 사람들을 좋아하는 성품의 사람이었는데, 남편을 여러 번 바꾸는 가운데 사람들의 외면을 산 것이다. 예수님은 여인의 수준에서 한 단계씩 끌어올리셨다.

예수님은 여인의 문제를 스스로 실토하게 만들었다. 이 여인을 이렇게 만든 것은 남자에 대한 잘못된 집착이었다. 남편을 다섯 번이나 바꾸었다는 것은 병적인 것이다. 남자로부터 마음의 만족을 구하려했지만, 충족되지 않았기 때문에 계속해서 바꾼 것이다. 이것이 이 여인의 중심적인 문제요 죄인 것이다. 그래서 예수님은 "네 남편을 불러오라."고 하셨다. 여인이 가지고 있는 문제의 정곡을 찌르신 것이다. 여인이 "남편이 없다."라고 자신의 문제를 솔직하게 털어놓도록 하신 것이다. 우리 몸에 쓰라린 상처로 곪은 것은 터뜨려야 한다. 그래서 여인은 문제가 해결되자 영적으로 변화되었다. 여인의 속에 있었던 영적인 속성이 살아 움직이게 되어 예수님을 영접하고 가장 고귀한 복음의 전도자가 되었다.

그 사람을 용서하자

모든 사람들은 누구보다도 가족들에게 지지 받고 싶어 한다. 하지만 그렇지가 못한 가정들도 많이 있다. 그래서 부부 갈등, 부모와 자녀와의 문제로 아파하고 그 문제에서 벗어나려고 애를 쓰고 있다. 이처럼 사람은 한 가정에서 사랑 받고 사랑하는 관계를 지속할 때 마음의 안정을 얻으며 세상을 살아가는 든든한 힘을 얻게 된다.

얼마 전에 부부갈등으로 인한 가정 해체 직전에 있었던 부부를 도와주는 치료 프로그램에 참여하였다. 그녀는 어느 지인의 소개로 한 남자를 만났다. 처음에는 남자에 대하여 별 관심이 없었지만 만남이 계속되면서 그 사람에 대한 호감이 생겨났고 이것이 서서히 발전되어 어느새 연인이 되었다.

그들은 7년의 세월을 같이 했고 이제 결혼을 하기 위해 부모님을 만났지만 여자 부모의 결혼 반대와 남자의 여자 문제로 헤어졌다. 그러나 남자는 얼마 지나지 않아 여자에게서 임신을 했다는 소식을 들었다. 그러나 남자는 아이를 낳고 싶다는 여자를 설득해서 아이를 떠나보냈다.

어떻게 보면 만나서는 안 될 사람들이었지만, 그 과정들을 지나고 그들은 결혼을 해서 두 자녀를 둔 가족을 이루고 있다. 무엇이 그렇게 그들을 아프게 한 것일까? 한 남자가 아니 한 여자가 상대를 만나 서로 사랑하고 사랑 받았던 관계에서 뼈아픈 고통을 경험하고 다시 시작하려는 마음을 가지고 가정을 유지하였지만 여전히 부부의 어둠의 터널은 계속되고 있다.

남편은 가정을 지속하려고 하지만, 부인은 이혼을 하고 싶어 한다. 어떻게 이 가정을 도와 주어야할까? 심리극을 통하여 가정 회복에 도움을 주기로 했다. 남편과 아내 그리고 자녀들을 진정으로 도와주어야 다시 일어 설 수 있을 것이다. 아내는 분노와 배신감 그리고 계속되는 폭력이 있는 지긋지긋한 가정에서 벗어나고픈 마음이 간절했다. 하지만 그곳에서 해방 받을 수 있는 것은 남편을 용서하고 사랑하는 것이다.

그 사람에게 진정으로 사랑을 줄 수 있는 것은 예수 그리스도를 모시고 나 역시 죄를 회개하고 십자가의 은혜로 그 사람을 용서할 때에만 가능하다. 기억하고 싶지 않은 과거를 지나 현재를 살아가고 있지만 엉킨 실타래처럼 해결되지 않은 문제를 안고 과거에 발목 잡혀 살아가는 많은 사람들은 비단 비그리스도인 뿐만은 아니다.

그리스도인들도 우리의 가정을 돌아보아야 한다. 예수 그리스도 안에서 만이 참된 행복과 자유가 있음을 기억하고 가정이 행복하기 위해서는 그럼에도 불구하고 그리스도 안에서 내가 살기 위하여 용서하며 사랑해야 한다.

한
사람

예수님은 한 영혼을 온 천하보다 귀하게 여기셨다. 예수님은 3년의 짧은 공생애를 사시면서 바쁘다고 군중들만 상대하시지 않으셨다. 예수님을 필요로 하는 한 사람, 한 사람을 만나서 복음을 전하는 일에도 시간을 아까워하지 않았다.

예수님은 잃어버린 한 마리 양의 비유를 통해서 한 영혼을 얼마나 소중한지 가르쳐 주셨고 친히 잃어버린 한 영혼을 찾아 구원하시기 위해서 이스라엘 온 땅을 두루 다니셨다. 예수님의 발걸음이 닿지 않은 곳이 없었다.

한 사람이 중요하다. 그런데 우리는 '나 같은 사람 한 사람쯤 없어도 무슨 상관이냐' 라는 생각을 할 때가 있다. '주변에 교회가 많은데 우리 교회 하나 쯤 없어도 무슨 상관이야'라고 생각할 때가 있다. 생각을 바꾸어야 한다.

사람들은 '아무리 그래도 그 한 사람이 되려면 자격을 갖추어야 하지 않느냐'라고 생각할 것이다. 합리적인 생각이지만 성경을 보면 언제나 사람의 생각을 뛰어넘는다.

예수님이 만난 사마리아 여인은 일반적으로 생각할 때 전도자로서는 적합하지 않은 사람이다. 그녀는 사람들에게 영향력을 끼칠 수 있는 사람이 아니었다.

그녀가 예수님을 만난 직후 외적으로 달라진 것이 아무 것도 없었다. 그녀의 삶은 그냥 그대로였다. 사람들에게 그녀는 여전히 부도덕한 여자였다. 하지만 그녀가 전도할 수 있었던 것은 예수님을 만났기 때문이었다.

하나님은 마른 막대기 하나, 나귀 턱뼈 하나로도 큰일을 하시는 분이시다. 우리가 이 땅에 하나님 나라를 이루는 일은 '예수님은 그리스도이다, 그 예수님을 만났다.'라는 메시지 하나면 충분한 것이다.

가슴 뛰는 사역

인생들에게 가슴 뛰는

희망을 선물한 바닷가 거목

눈물 젖은 세월 온몸으로 칼바람을

막아내 흔들리지 않고 참아 바닷바람 휘몰아쳐 올 때

두려움 없었던 늘 푸른 해송

강산이 네 번 변해도 그 자리

그대로 서 있는 반석

태양이 내리쬐는 사역의 고난에도

세상의 빛으로 진리를 전파 상처 받은 이들을

말씀으로 치료한 하늘이 내려준 구도자

나무껍질 골인 패인 옹이처럼 성한 곳 없는

부서진 세월 인생을 항해할 때 이리저리 흔들리지 않고

한라에서 백두까지 걷고 또 걸어

작은 고갯길 지나는 나그네 오솔길을 찾아

한 줄기 희망을 비쳐주는 이 땅의 파수꾼

울릉도 성인봉을 바라보고 천지를 창조한 주님을 향해 영성을
안고 세월을 달려온 지구촌 하나 밖에 없는 든든한 영암이여
지난 짐은 동해 끝에 내리니 넓은 열방 속에 우뚝 서 있는 영산
이어라.

가슴 벅찬 희망

백두산 천지 해돋이로 시작한 해
어느덧 한라산 백록담에서 잠든 태양
그 세월 누가 잡을 수 있을까
사람들 세상사 상처만 남기고
돌아올 수 없는 그 길 떠남의 현실

드넓은 초원을 질주하는 말처럼
새해를 준비하는 저 태양 준비는
또 다른 가슴 벅찬 희망

영덕 강구항 너머로 또 다시 태양이 끓어
불가마 드나드는 길목 바닷가
갯바위 파도 환상의 해돋이
사람과 붉은 태양은 평행선을 달린다.

대신의 큰 나무

삼십 육년 일제 통치에서 해방된 우리 민족은

신사참배 무서운 우상숭배 거짓 죄로

남과 북 형제들 원치 않는 분열을 맞았으나

상처로 고통 받는 백성 치유는 관심 없고

명예 교권에 빠진 지도자들로 인해

은혜와 평강 가득한 평양 예루살렘 발이 묶였다.

한반도에 흐르던 복음의 물줄기는 어디가고

북녘 땅 형제 잃고 달려온 칠십년 세월

이 나라 백성 절망과 탄식소리 가득하고

고통에 짓눌려 있는 어둠의 그늘 젖어 들 때

하나님 통치 받아 이 땅에 싹이 되어 올라온다.

그리스도의 제자 된 큰 나무는

인류의 구원자 예수와 대신의 뿌리 고봉의 정신 품어

백두에서 한라까지 한반도 이만팔천 마을에 우물파기로

이념의 고리 끊고 영생의 생수는 솟아올라

백의민족 거룩한 백성 다함께 구원에 이르게 하소서.

초대 교회에서 이천년을 달려온 한국 교회 신실한 성도여

대한민국 구석구석 복음의 꽃을 피우는 주인공 되어

너와 나 손잡고 신앙의 선배 순교 정신 이어받아

주님 보시기에 아름답고 건강한 교회 든든히 세워

하나님 나라 이루는 구령운동 다 함께 일구세.

썩게 하는
죄 큰 교만

교만은 사람을 파멸(ruin)시킨다. 그러나 겸손한 순종은 삶을 건강하게 한다. 개인, 가정, 직장, 사회 어느 공동체에서도 겸손하지 않고 교만하면 언젠가는 피눈물을 흘릴 때가 있다. 그래서 우리는 항상 겸손해야 한다. 말을 할 때에도 상대방을 존중해야 한다.

성경에 보면 남쪽의 유다도, 북쪽의 이스라엘도 큰 교만이 있다고 했다. 무엇보다 하나님이 이스라엘 백성과 맺었던 언약은 그들에게 큰 복이었지만 여호와의 복을 잊어버린 그들은 하나님이 절대적으로 싫어하시는 우상숭배로 타락하게 되었다.

뿐만 아니라, 유다와 이스라엘이 완악한 대로 행하며 교만해져 악한 백성들이 은혜를 저버리고 하나님의 말씀 듣기를 거절하기에 이르렀다. 사람이 의도적으로 타락할 수도 있지만 특히 하나님께 속한 백성들은 말씀 중심으로 살지 않고 교만한 마음을 계속해서 가지고 있으면 신앙생활에 걷잡을 수 없는 올무가 된다.

그래서 하나님은 그들에게 다음과 같이 말씀하셨다. "너희는 들을지어다, 귀를 기울일지어다, 교만하지 말지어다, 여호와께서 말씀하셨음이라"(렘 13:15). 여호와의 말씀은 언제나 누구에게나 적용된다. 반드시 일상에서도 진리의 말씀을 들어야 한다. 그래야 바른 신앙생활을 할 수 있다. 개인과 가정 그리고 직장 등의 공동체와 민족과 국가의 흥하고 망하는 결정적인 열쇠 중 하나를 말한다면 그것은 바로 교만 이라고 단호히 말하고 있다.

이스라엘 백성들의 교만한 마음이 하나님의 진리의 말씀을 들었어도 분별력이 없어서 그것을 모두 무시해 버렸다. 그럼에도 불구하고 하나님은 교만한 인생들을 향하여 "내가 너희 조상들을 애굽 땅에서 인도하여 낸 날부터 오늘까지 간절히 경계하며, 끊임없이 경계하기를 너희는 내 목소리를 순종하라 하였으나"(렘 11:7)라고 말씀하셨다. 교만이 아닌 순종을 강조하셨던 그분께서는 여전히 지금도 우리에게 말씀하신다.

우리 마음에 교만이 들어가 비틀거리는 인생을 산다하여도 하나님은 절대 나를 포기하지 않으신다. 아무리 인생들이 주님의 말씀을 무시한다 할지라도 사람이 영원히 승리하는 길은 오직 하나님이 제시하시는 진리의 길 안에서만이 가능함을 깨달아야 한다. 하나님은 사랑이시기 때문에 끊임없이 이스라엘 백성에게 진리의 말씀을 주셨던 것이다. 성령의 감동으로 선지자들이 기록한 신구약 성경의 말씀은 이스라엘 뿐 아니라, 21세기를 살아가고 있는 한국 교회 성도들에게도 귀중한 생명의 양식이 되는 것이다.

우리는 완전한 길을 잘 알지도 못하면서도 겸손하지 못하고 왜 그리 교만하게 살아가는 것일까? 그것은 사람이 자신을 올바로 진단하지 못한 결과라고 할 수 있다. 내가 세워 놓은 인생의 생각과 계획이 하나님의 뜻과 다르다면 나의 것을 내려놓고 하나님의 진리의 말씀을 붙잡고 선포하기를 바란다.

이제부터는 가정과 교회 그리고 직장의 공동체에서 이스라엘 백성이 교만한 죄로 인해 하나님 앞에서 징벌을 받게 된 경험을 되풀이 하지 말자. 그리고 우리는 절대적으로 교만하지 말고 하나님께 겸손과 순종으로 살아가자.

어둠 넘어 가라

지친 몸 하나 산 고개 넘어

가시 밭 지나 격랑을 건너

상처뿐인 몸통

탄식, 아우성 뒷발로 걷어차

적막한 밤길을

빨리 가라 훨훨 가라.

마음속 불신 차가운 눈빛

저 인간의 교활한 혓바닥

섬뜩한 배신의 몸짓

주저 말고 모두 가라.

숨소리 죽여 맨 바닥 긴 뒤

겨우 견디어 낸 고단한 허물

홀로 덩그러니 남겨 놓고

저 멀리 어둠 넘어 가라.

쓰임
받는 인생

　　우리가 인생을 살면서 기쁨을 얻을 때가 있다. 그때가 언제인가? 꿈과 목표를 이루었을 때 기쁨을 얻는다. 사랑하는 사람과 결혼을 하고, 자식을 얻고, 성공을 하고, 집을 사는 일 등은 우리에게 기쁨을 안겨 주는 일들이다.

　　또 사람은 쓰임 받을 때 기쁨을 얻을 수 있다. 다른 어떤 기쁨보다도 우리 삶에 쓰임 받는 기쁨이 있어야 한다. 쓰임 받는 기쁨은 우리 삶에서 가장 큰 기쁨이다. 우리 삶의 의미는 우리가 쓰이는 데 있다. 인생 자체로는 의미가 없다. 누군가를 위해 쓰임을 받을 때 의미가 있는 것이다.

　　공부를 많이 해도, 재산이 많아도, 하나님과 민족과 다른 사람들을 위해 쓰임 받지 못하면 쓰레기 같은 인생이 되고 마는 것이다.

우리는 쓰임을 받아야 한다. 어머니가 자녀를 위해 쓰임을 받고, 가장이 가족을 위해 쓰임을 받을 때 의미 있는 삶이 되는 것이다. 우리가 사회를 위해 쓰임 받고, 국가와 민족을 위해 쓰임을 받을 때 의미가 있는 것이다.

믿음으로 사는 우리의 삶도 마찬가지이다. 하나님의 손에 붙들려서 쓰임을 받을 때 우리의 삶은 영원한 의미를 발견하는 것이다. "주님, 제 삶이 쓰임 받는 인생이 되기를 원합니다." 이것이 우리의 올 한해 최고의 기도 제목이 되어야 한다.

우리는 하나님께 쓰임을 받기 원하면서도 한편으로 자신의 부족함을 생각한다. 나 같이 부족한 사람이 쓰임 받을 수 있을까 생각하다보면 자신감을 잃어버린다. 자신을 모르고 나서는 것도 곤란하지만 자신에 대한 너무 낮은 자아상을 가지고 물러서는 것도 곤란하다.

중요한 것은 하나님께서 우리를 쓰시는 방법이다. 하나님께서는 우리를 온전하게 변화시키신 다음에 쓰시는 것이 아니다. 하나님께서는 우리를 쓰시는 가운데 다듬고 변화시켜 나가시는 것이다.

16세기 이탈리아에 성자로 존경받는 알로이시오라는 사람이 있었다. 한때 방황의 시절이 있었지만 어머니의 기도로 온전한 신앙인이 되었다. 하나님의 깊은 사랑을 깨닫고 신학 공부를 한 지 4년째 되던 1590년 도시 전체에 흑사병이 퍼지게 되었다.

그는 자신의 몸을 아끼지 않고 병자들을 돌보다가, 병에 전염되어 23세의 젊은 나이로 하나님의 부름을 받게 된다.

그가 대학에서 공부하던 때에 한번은 교수님이 학생들에게 "혹시 지금 당장 세상의 종말을 당하게 된다면 자네들은 각자가 어떻게 무슨 일을 하겠는가?"라는 질문을 했다.

첫째 학생은 빨리 교회에 달려가서 기도를 하겠다고 했고, 둘째 학생은 집에 가서 부모님을 찾아뵙고 함께 종말을 준비하겠다고 했고, 셋째 학생은 어제 대화하다가 마음 상한 친구를 찾아가서 화해하겠다고 대답을 했다.

알로이시오는 자기 차례가 돌아오자 주저하지 않고 "지금은 휴식 시간이니까, 이대로 놀겠습니다."라고 대답했다고 한다. 그는 준비된 삶을 살고 있었기에 종말이 지금 와도 조금도 두렵지 않았다.

일상에서 예수님을 인정하고, 예수님과 동행하는 일이 중요하다. 주일에만 예수님과 함께 할 것이 아니라 날마다 예수님과 함께 일어나고, 예수님과 함께 식사를 하고, 예수님과 함께 걸으며, 예수님과 함께 일하고, 예수님과 함께 잠드는 생활이 우리에게 필요한 것이다.

이런 생활이 계속될 때 우리는 마지막 날에 심판의 부활이 아닌 생명의 부활에 참여하는 영광을 누리게 될 것이다.

우리는 평범한 일상의 삶에서 주님을 섬길 수 있어야 한다. 평범한 하루하루의 생활이 중요하다. 하루하루를 의미 있고 가치 있게 사는 사람에게는 '내게 남은 날이 일주일 밖에 없다면'이라는 가정은 불필요한 것이다.

일어나
빛을 발하라

하나님은 우리가 어둠에서 일어나 빛을 발하기 원한다. 이를 위해 우리는 준비해야 한다. 빛을 비추어주시는 일은 하나님께서 하실 일이고 우리가 할 일은 일어나는 것이다.

어느 날 저녁, 허드슨 테일러에게 젊은이 한 사람이 찾아왔다. "선교사님, 제가 뜻한 바 있어서 세례를 받고 또 정식 기독교인이 되고자 합니다. 그러려면 성경을 얼마나 알아야 되고, 또 교회는 얼마나 다녀야 할까요?"

그 이야기를 듣고서 허드슨 테일러는 청년을 방안으로 들어오라고 했다. 그리고는 의자에 앉으라고 권하면서 이렇게 말했다. "형제여, 방안이 좀 어둡군요. 제가 방안을 밝히기 위해서 우선 등잔불을 좀 붙여야 되겠습니다. 제가 불을 붙이는 동안 이 등잔을 자세히 한번 쳐다봐 주세요."

심지에 불이 붙었다. 그 순간 방안이 환하게 밝아졌다. 허드슨 테일러는 청년에게 물었다. "형제여 그대의 생각으로는 이 심지가 어느 정도 타야지 빛을 발할 수 있다고 생각하십니까?" 청년이 웃으면서, "그야 물론 심지에 불이 붙는 순간부터 빛을 발하게 되지요."라고 대답했다.

그 소리를 듣고 허드슨 테일러는 청년의 손을 꼭 쥐어주면서 말했다. "맞습니다. 우리가 기독교인이 되는 것도 마찬가지입니다. 우리가 성경을 얼마나 많이 아느냐? 또 얼마나 오랫동안 교회에 다녔느냐? 이것이 중요하지는 않습니다. 주님께서 나를 사랑해 주시고 나를 죄악 가운데서 구원해 주셨다는 사실을 아는 그 순간부터 우리는 예수 그리스도의 작은 등불이 되어 빛나게 되는 것입니다."

하나님은 우리에게 지금 일어나서 빛을 발하라고 말씀하신다. 지금 자리에서 일어나야 한다. 미루면 안 된다. 결단을 해야 한다.

이렇게
기도하자

　　　　　　　　　　　　새해가 되면 사람들은 새로운 계획을 세우고 소원을 빈다. 어떤 사람은 떠오르는 해를 바라보며 소원을 빌기도 하고, 어떤 사람은 달을 보며 소원을 빌기도 한다. 또 각자 자신의 종교에 따라 소원을 빈다.

예수님은 사람들의 기도를 둘로 구분하셨다. 하나는 이방인의 기도와 또 하나는 하나님의 자녀들의 기도이다. 기도의 기본은 우리가 살아가기 위해 필요로 하는 것들을 하나님께 구하는 것이다. 사람들은 하나님께서 우리의 형편을 모를까 걱정하며 하나님께 일일이 설명하며 기도한다.

그러나 하나님께서는 우리 인간에게 무엇이 필요한지를 다

알고 계신다. 알고 계실 뿐만 아니라 필요를 공급하시되 우리가 구하는 것보다 더 좋은 것들을 주시는 분이시다. 이 사실을 믿는다면 두려울 것이 없고 염려할 것이 없다.

하지만 믿음이 부족하기 때문에 사람들은 끊임없이 염려하고 근심한다. 염려는 모든 순서를 거꾸로 바꾸는 힘이 있다. 사람을 물질에 묶어 놓는다. 재물을 더 모으기 위해 하나님을 끌어들인다. 더 나은 방편으로 신을 부르고 신을 이용기도 한다. 예수님은 이러한 이방인들의 기도와 하나님 자녀와의 기도를 구분하셨다.

하나님의 자녀들이 의식주의 걱정에 시달리고 그 걱정을 잠재우기 위해 돈을 벌고 재물을 쌓는다면 이방인과 하등 다를 바 없다는 것이다. 재물을 쌓는 것으로써 염려를 이기려 한다면 이 세상사는 동안 염려가 사라질 날이 없을 것이다. 왜냐하면 인간의 욕망은 끝이 없기 때문이다.

하나님의 자녀들인 우리가 드리는 기도는 분명 이방인들의 기도와는 달라야 한다. 금년 한해 계획한 일들이 이루어지지 않았을 지라도 다시 한 번 이렇게 기도해보자. 먼저 하나님 나라와 그의 의를 구하는 삶을 살아야 하겠다고 말이다.

기도로 산다는 것도 마찬가지이다. 하나님의 손에 붙들려 쓰임을 받을 때 우리의 삶은 영원한 의미를 발견하는 것이다. "주님, 제 인생이 쓰임 받는 삶이되기를 원합니다." 이것이 우리의 최고의 기도 제목이 되어야 한다.

우리는 하나님께 쓰임을 받기 원하면서 한편으로는 자신의 부족함을 생각하게 된다. 나 같이 부족한 사람이 쓰임 받을 수 있을까 생각하다보면 자신감을 잃어버리게 된다. 자신을 모르고 나서는 것도 곤란하지만 자신에 대해 너무 낮은 자아상을 가지고 물러서는 것도 곤란하다.

중요한 것은 하나님께서 우리를 쓰시는 방법이다. 하나님께서는 우리를 온전하게 변화시키신 다음에 쓰시는 것이 아니라 하나님께서는 우리를 쓰시는 가운데 다듬고 변화시켜 나가시는 것이다.

우리는 오직 하나님을 바라고 하나님을 사랑하며, 하나님의 영광을 위해 사는 성도와 가정에는 반드시 행복이 찾아올 것이다. 2015년 한 해도 먼저 그의 나라와 그의 의를 구하며 살아가는 우리 모두가 되자.

겨울 전에 어서 오라

로마 감옥에서 풀려난 바울은 또 다시 감옥에 갇히게 되었다. 바울은 점점 추워지는 날씨에, 어둡고, 습하며, 사방이 차고 딱딱한 돌로 되어 있어 온기라고는 상상조차 할 수 없는 지하 감옥에서 지내고 있었다.

바울은 그곳에서 믿음의 아들 디모데에게 유언과 같은 마지막 편지를 쓰면서 "너는 어서 속히 내게로 오라.", "겨울 전에 어서 오라."고 당부하고 있었다. 그 이유는 무엇일까?

에베소에서 목회를 하고 있는 디모데가 바울에게 오려면 지중해를 건너와야 했는데, 겨울이 되면 지중해는 풍랑이 심해서 배가 항해할 수 없기 때문이다. 또 한겨울이 되면 얼어붙어서 항해를 할 수가 없다.

만약 디모데가 가을에 오지 못하면 겨울을 지내고 봄이 되어야 로마에 올 수 있는 것이다. 그렇게 되면 그 사이에 무슨 일이 있을지 알 수가 없기에 바울은 독촉을 하고 있는 것이다.

'겨울 전에 어서 오라.'라는 바울의 말이 그 어느 때보다 마음에 와 닿는다. 그러면 '겨울 전에'라는 말이 오늘 우리에게 주는 의미는 무엇일까? 인생의 겨울, 건강의 겨울, 환경의 겨울이 오기 전에 어서 일하라는 것이다.

자연은 봄, 여름, 가을, 겨울이 순서 있게 찾아온다. 그러나 우리 인생에는 순서가 없다. 누구에게 언제 인생의 겨울이 찾아오고, 건강의 겨울이 찾아오고, 환경의 겨울이 찾아올지 알 수 없다. 그때는 알 수 없지만 확실한 것은 겨울은 반드시 찾아온다는 사실이다.

그러므로 겨울이 오기 전에 어서 일을 해야 한다. 곧 재림의 주님이 오시기 전에 말이다. 눈에 띄는 거창한 일만 일이 아니다. 하나님은 작은 일에 충성하는 자를 기뻐하신다. 지금 할 수 있는 일이 무슨 일이든 하나님의 영광을 위하여 힘써 일해야 한다.